與其明鬥暗爭，
不如做自己的光明燈

馬克太太的
人性會客室，
為你掃清
人生萬千煩惱！

馬克太太 官芷儀—著

推薦序

你一定不能錯過這本必讀的好書

亞歷媽．王君萍

馬克太太出第二本書了，實在很為她開心，容我先為她鼓掌十秒鐘！

回想我們兩個人的認識經過，真的很感謝當時勇敢的自己，如果沒有鼓起勇氣寫信給她，也許就沒有這次為她寫序的特別緣分了吧。

那個時候的她正因為惡意檢舉所以粉絲專頁被停權封鎖，想到自己也曾經有過這樣的焦慮時期，心裡為她擔心也忍不住思考是不是要主動私訊，幫助她一起解決問題。因為我知道粉絲專頁不見的慌張，當時遇到這樣情況的我，也非常希望有個人能夠幫助我、告訴我該怎麼做才好。想了很久，真的很擔心馬克太太會不會覺得我是怪人，寄出信件的時候還掙扎了好幾十分鐘才送出。當然，很快我就知道馬克太太是個直爽的人，讓我原本的擔心化為雲煙，也因此和她越來越熟，變成可以天南地北聊天的朋友。

變熟後，我總覺得她給我一見如故的感覺，彷彿我們很久之前就認識一樣！在她身上，我看到很多很棒的特點，非常值得學習。她是一個很努力的人，對於工作有很多的目標與實踐，對於自己想要什麼、不要什麼特別清楚，也會明確地訂定計畫去完成，反正一次不成功就試第二次，一直這樣到成功為止。欣賞她的衝勁和熱情，有這樣的夥伴在真的很好。

《與其明鬥暗爭，不如做自己的光明燈》主題多元，有很多貼近你我的主題和內容，常讓我在讀完一大篇後靜下來思考。印象最深的是其中一篇提到「少拿沒能力代替沒勇氣的藉口」，當下看到時我在心裡大大的比了個讚，因為我感同身受。在自媒體行業工作的時光中，不乏聽到身邊人和網友說出經典句子組合「如果可以當網紅，誰想要領基本工資」的冷言冷語，將自媒體工作直接和很爽劃上等號。

沒有人的工作是不辛苦的，尤其是在這份看似光鮮亮麗的工作中，會接觸到比想像中更多是因為利益而靠近你的人。也正因如此，我對於交新朋友是有恐懼的，深怕自己付出的真心被他人利用而得到傷心的結局，所以當時要主動踏出第一步認識馬克太太，我才會感到這麼糾結。

慶幸馬克太太和我一樣都是屬於大剌剌的人，我們喜歡直接把心裡的感受說出來，我想也是因為這樣才跟她很合，可以分享很多工作與生活中的事情，看她的書也有更多感觸。

日常生活中的我們都是凡人，更多時候扮演的角色是媽媽、老婆、狗保母，接著是大家眼中看到的自媒體網紅，最後才是自己。在這樣有限的個人時間裡，馬克太太把每個平台都經營得有聲有色，甚至還擠出時間出書，這樣的衝勁實在太令我敬佩了！

最厲害的是她很樂於分享和互動，我除了很喜歡她的書也很喜歡她有一個「太白粉聊天樹洞」，讓想要找人講講話的每個人都可以透過寫信和她聊一聊。我認為這是心理素質很高的人才願意做的事情，畢竟在過程中會吸收陌生人各種不同的情緒，有正向也有負面，如果本身的心態不夠穩定，就很容易反被侵蝕。有的時候出發點是好的，也可能因為用錯詞語或是反應不如對方預期而造成反效果，變成吃力不討好的事情，但她完美克服，真心令人佩服。

想知道一個努力的女孩如何力爭上游，在每一個日常情緒裡面反思、成長，那你一定不能錯過這本必讀的好書——《與其明鬥暗爭，不如做自己的光明燈》！相信你也會被她的樂觀與韌性感染，對生活中的壞天氣有更多不同的看法！

推薦序

這本書讓你看到不同面向的觀點

混血時尚辣媽・kimberlly_chen

非常感謝馬克太太的邀請，很榮幸地可以參與到《與其明鬥暗爭，不如做自己的光明燈》這本書的其中一小部分。

花了一點時間閱讀《與其明鬥暗爭，不如做自己的光明燈》，這裡面包含太多值得大家探討的面向，我自己對婚姻跟感情的篇章是最有感的，畢竟我本人也經歷了愛情跟婚姻這條路！這本書最有價值的地方就是每一段故事不管是婚姻家庭、愛情觀、職場上都可以讓你看到不同面向的觀點，同時還會啟發你自己去思考。我個人覺得選擇哪一種觀點沒有絕對的對錯，該怎麼去做選擇並且承擔選擇後的結果才是關鍵。

我非常喜歡馬克太太與讀者們的對話，這樣一來一回的提問跟回應非常有趣，真心推薦這本給大家！一定要去看！

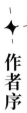

作者序

我記得我第一次完成第一本書——《你缺的不是努力，而是反骨的勇氣》時，我心想哎呀這個累死人又不討好的事，我不要再做了，但是通常嘴巴喊一定不要怎樣的人肯定會這樣，就跟那些發誓絕對不要跟××星座交往的，往往就是會遇到，在某方面來說，我覺得這也是吸引力法則的一種（？），一直嚷嚷著，宇宙還以為你在許願呢！

本來以為我會是一片歌手（？），就這樣我這一刻竟然在寫第二次作者序，而作者序永遠都是在書本完成後才開始著手，這也表示第二本幾萬字的稿已經交出去了，真的是太感動（抽衛生紙），當然感動的同時，我的白髮早也一叢叢地長，畢竟多重身分下，又是家庭主婦、又是老闆，這是蠟燭東西南北狂燒的狀況，寫書的時間就是用擠的，就如同我在擠乳溝一樣，擠一擠還是可以很深的，喔不！我意思是擠一擠還是有些時間可以創作的。

老實說，第二本書要動筆前，有一大段時間我非常低潮，看心理諮商師的次數很頻繁，原因是我的經紀約出了問題，在信任感破裂，關係緊張的狀況下，對方也把我告上法院，揪著我的心靈毒雞湯文（？）說詆毀名譽，我想所有法律小白遇到這樣的事都會因此覺得莫名其妙，甚至很害怕，尤其是對方加碼再拿曾經簽的經紀約出來，會讓人更無助，合約書這種東西多數裡頭會藏貓膩，很多時候簽約沒有自己再請專業人士看過，往往就會出問題，最終這場官司平安落幕，不過一結束不久馬上又捲土重來，一二三四再來一次，你們一定知道這有多勞心傷神，要支出律師費也沒在開玩笑（以為大家跟你一樣官司纏身？）。

經紀約問題發生不久後，某一天我創了一個樹洞信箱，或許是因為我真的好孤獨，也或許我想找同溫層？更或許我同理在承受痛苦時，身邊沒人願意傾聽，想要盡自己一點力量也好，大概也是要證明自己在這世上還是有價值。在樹洞信箱一開張後，信箱的信，跟爆米花一樣爆到滿出來，我幾乎每天都絞盡腦汁回覆樹洞信箱的人生大小煩惱，我想做一個會回應的樹洞，因為經歷過徬徨，因此想盡可能地溫暖回應跟我一樣的人，每一封信的回覆我思考著，怎樣才能在不傷害對方的前提下又可以讓人願意聽聽站在局外人的我的想法是如何，要是可以幫助到對方那就太好了，若是沒有解答的信，我會讓對方知道，至少有人很認真地聽你說話，而每一次對讀者們激勵的文字，也等同於對自己說，信箱裡承載了好多悲傷意外與無能為力，但信箱裡也有很多堅韌生命力，有些人在我回覆後，就再也沒有消息，但我永遠認為沒消息大概就是好消息吧！不過也有些人，過了好幾個月突然再次捎來信件，讓我知道當時的回覆對他多麼重要，就像大海裡有人拋下一個泳圈一樣，接住了破碎的靈魂，而我的黑暗低潮看不見光的日子，也在這些往來信件中被接住，在和出版社討論要不要出第二本書時，我想或許可以選幾篇出來改編人事物，只取裡頭的架構，在個人隱私保護的狀態下改掉所有細節，如果那個樹洞可以引起我共鳴甚至接住我，應該也會接住正在直直下墜的那些人吧?!因此第二本書就是這樣每天都乳溝般擠出來的（？）。

雖然現在是短影音當道的社會，連談戀愛都可以靠手指頭滑出來，應該是沒有資訊滑不出來，但既然你翻開書看到這裡了，代表著你這一刻滑到我，在你把書本蓋起來後，下一步強烈建議你，往櫃檯走去，沒有帶現金也沒關係，我相信書店有提供刷卡服務，回家閱讀完畢，你就會是你自己的光明燈（？疑）。

目次 Contents

Part 1 馬克太太的心靈專線

Part 2

馬克太太的戀愛診療

Part 3

馬克太太的職場顧問

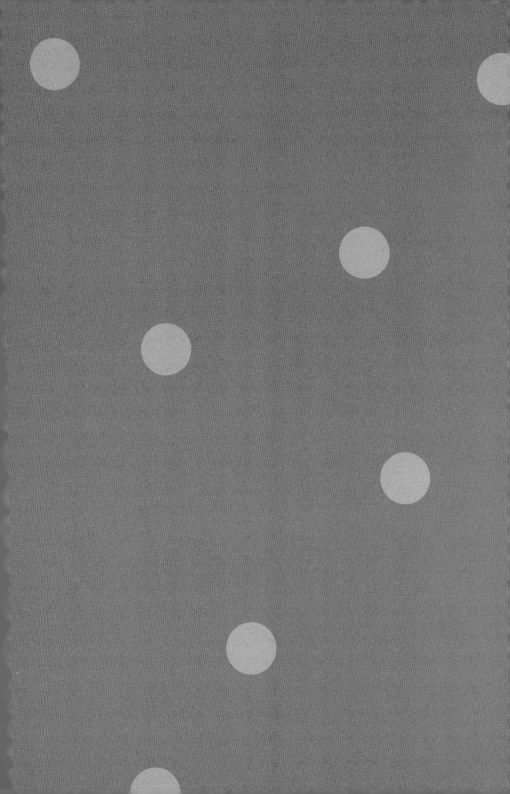

Part 1

馬克太太的心靈專線

別人家的女兒

嗨馬克太太妳好，我知道女人不是真的一定要生孩子，但先生和我思考後還是希望有孩子，感覺這樣人生才完整。結婚幾年後，我因遲遲未懷孕到醫院檢查才知道，先生和我剛好都有些問題，無法靠自然方式受孕，畢竟我也要四十歲了，也不想再浪費時間，於是我們立刻就決定要做試管的療程。

試管真的是非常痛苦，尤其是我很怕打針，每次要在肚皮上打排卵針時我都痛苦萬分。當然我的另一半很心疼我，也常常幫我加油打氣，要我別被其他外在的閒言閒語所影響，只是這過程真的不容易，好不容易收集到了卵子，還要等植入，植入失敗後又要再來一次。在我失敗的同時，先生的姐姐懷孕了，看人家懷孕好像很容易，我心裡不免有點難受，實在不知道該怎麼去解釋這種感覺，明明應該要祝福對方，但是我卻無法真心祝福，我同時也感到很有罪惡感。

姐姐懷孕後常常往家裡跑，生產後更是常回來過夜，看著別人有小孩，我卻每天盼著何時懷孕，更讓我不知道該用怎樣的心情去面對。尤其是姐姐在生完後不久又立即懷孕了，公公婆婆對姐姐又更加照顧了。其實他們並不是對我不好，但就覺得很雙標，很多事情女兒可以不用顧慮到，但是我要是沒有做到，雖然不到責罵，但就可以感覺到好像那是我的責任。有時我都想我雖然沒懷孕，但是試管這條路真的很辛苦，我也不是說要跟先生的姐姐計較，但就是會想，難道都完全沒人在乎我的感受嗎？

這些複雜的心情我也不知道跟誰說，又怕說了會被誤認為我小家子氣，也不敢跟娘家說。有時我心情實在很不好時，實在很想回娘家，雖然沒人限制我回去，但是我真的可以就這樣住在娘家嗎？這樣是不是很不孝？

家庭關係的緊密不等於彼此的居住地

在亞洲家庭長大的兒子真的是特別愛跟爸媽住，姑且不論孝不孝順這議題，更多時候是為了要省下房租或是房貸，也有些是因為這樣家裡的父母可以幫忙當後援照顧孩子，這些多數都是當兒子的想法。而當公婆的想法則是——我辛苦了大半輩子，如今討了個媳婦，希望這媳婦上得了廳堂下得了廚房，還得要給他們兒孫滿堂，並且包辦家事，若可以多一份薪水那更是完美。雖然這不代表著每個公婆的心聲，但不可否認的，還是會有一些規矩列在心裡，認為那是當媳婦的應負擔的責任。更莫名其妙的是，很多女生會為了證明自己是個好女孩，從平常在家癱在沙發的爛泥，會突然之間變成家政婦女王，好似什麼都會。

當然啦！我曾經也是溫柔婉約天真無邪心靈純淨到可以像白雪公主一樣跟小鳥對話與唱歌（？），我確實也有為了想證明自己是符合對方標準的好女人而拚命跑去對方家裡當個賢淑女友，不過還好我腦袋清醒，沒有一味自己腦補編織未來，很多時候從小細節就可以看出這男人未來想帶給妳的生活是什麼。年少輕狂時我流連酒吧，酒精下去，看什麼都美好，而酒吧通常都是暗摸摸，稍微蹲下去，即使是白人伸手還是不見五指的，所有的光都會打在吧檯裡，裡頭的調酒師專注地將五顏六色的基酒與糖漿全部倒進調酒杯，冰塊一勺下去，鏗一聲，調酒杯的蓋子蓋上，單手舉起搖啊搖，搖到我的心都醉了，我就這麼膚淺地喜歡上調酒師。我心想，會在這種地方工作的人，家人思想絕對也前衛，不然怎麼會願意讓兒子在這種老人家認為的是非之地工作呢？然而最後我們沒有在一起，因為那男人說了一句話：

「妳吃素，可是我爸媽是開牛肉麵店的喔！」

這句話的真正意思就是，妳是素食者，我爸媽開牛肉麵店，我們要是有未來，妳是得要幫忙賣牛肉麵的。我先說我不是看不起賣牛肉麵，或是辛苦不了的人，而是本人是個素食者，連聞到肉味都會噁心想吐，甚至頭暈目眩，更不用說要我進去煮那些肉。退一萬步說，就算我不是素食者，就是辛苦不了又怎樣，不可以嗎？難道我不想待在廚房煮牛肉麵就是壞女人了嗎？聽到那句話我就明白，我要是跟這男人有未來，那麼他爸媽的廚房就會多一個我的身影，本來是天真無邪可跟小鳥唱歌的我，就會變成格林童話中在糖果屋煮肉的巫婆，因此我們當然沒戲唱。

其實我覺得多數女孩都是聰明的，不過就是能不能面對自己真實的心，並且要讓交往對象知道，原則要把持住，不然傳統公婆只要冠上一句妳不孝，很多女孩就想急著證明自己是好女人，心肝脾肺都給人去了。

那是她媽的愛

收到這封信時，雖然不能感同身受，但這種議題真的實在太難以向人啟齒，一個不小心就會被評論成是個惡毒女人，見不得人家好。

人類真的是很複雜的動物，尤其是女人，很容易會因為立場不同而有不一樣的想法與做法。與其說這是雙標，不如說當事人可能根本沒有意識到。

曾經我問過家母阿玉一個問題：

「為什麼妳可以這麼刻苦耐勞，阿公阿嬤生病後，妳等於是二十四小時得照顧他們，不但沒有錢，妳老公昌ㄟ也沒有多體諒，家裡還是吵吵鬧鬧，難道是阿公阿嬤對妳這媳婦特別好？」

家母瞪大眼睛，手指頭還很忙比來比去說：

「台語：哪嗚！我ㄍㄟ來了後，魅登奧逃處，哩阿嬷公妹賽，哪嗚郎三綑冷剛丟妹鄧奧逃，但係伊軸ㄍㄧㄚ給了後，打勒拜攏嘜等來，就模公平。」

（哪有！我嫁來後想要回娘家，妳阿嬷說不可以，哪有人三天兩頭要回去，但是她女兒嫁了後，卻是每週回來，很不公平。）

「台語：嘎哩阿嬷悶，伊公黑某剛款。」（我問妳阿嬷，她說那不一樣。）阿玉上句說完，我都來不及反應，她馬上又補這句。

你們看！明明都是回娘家，為什麼媳婦不可以常常回娘家，女兒就可以常常回來，確實不公平。如同阿嬷說的「那不一樣」，因為一個是女兒，一個是別人家的女兒，這也是為什麼我常常跟讀者說，不要去奢望能跟公婆的關係多緊密，尊重他們並保持一定的距離就好，因為那是人家的爸媽。

回到這封來信，懷孕對每個女人來說其實都是辛苦的。當然如果不能自然懷上，要試管療程時，可不是只有身體上的不舒服，那是心靈來來回回的折磨，畢竟可是連專業醫生都無法保證能一次成功。而這樣的痛苦，絕對是他人無法完全感同身受的，就算能心電感應的雙胞胎，都不一定能感受得到，更何況是沒有血緣關係的婆婆。當然我相信婆婆不是不知道，但是知道是一回事，有時還是會不小心忘記，而忽略辛苦的媳婦，尤其是婆婆的親生女兒正在懷孕中，加上還帶一個嬰兒，她含飴弄孫，幸福得不得了，不小心忘記妳，真的情有可原。

看我這樣說，大概又有人要說我在替婆婆說話，檢討受害者。不是的，這不過是試圖把事情的不同面向說出來，希望所有當媳婦的人都要知道，婆婆永遠是婆婆，那是別人的媽媽；妳未出嫁在家裡無論如何，父母碎唸歸碎唸，終究還是自己的女兒。一樣的道理，婆婆的女兒永遠是婆婆的女兒，無論怎樣她就是婆婆的女兒，因此千萬不要以為自己跟婆婆關係不錯，就可以跟她女兒一樣。

這不是叫妳不要尊重公婆，而是要明白，保持一點距離是美好的。如前面所說，如果不要住在家裡，我相信一定可以真心替先生的姐姐開心。妳會不開心，有極大的可能不是因為對方懷孕妳小家子氣，更多的是妳覺得自己已經這麼受折磨了，還沒有得到應有的理解，反而是婆婆的女兒享受特別待遇，心憋屈了，才會變成妳無法真心祝福姐姐。或許該把這樣的情緒好好地跟先生說明，誠實面對自己真實的心情，照顧好自己的感受，要是總擔心先生可能會覺得妳肚量小，那麼這樣的日子將會沒完沒了。老實說，我認為所有女人在面對這種事時，心情應該都是差不多的，那是一種嫉妒混合羨慕再加上低落生氣的情緒，但理智卻又告訴自己要祝福對方，若是角色對換，我不認為先生的姐姐一定可以處理得比妳好。

安慰雖然老掉牙但想通了就有用

我想會走上試管嬰兒這條路，大概是真的很希望有小孩。可是親愛的，妳一定也明白試管這條路，不是妳做多大的努力就一定會成功。世界上不是所有事都是努力就會有結果，不然為什麼有那麼多未成年的少女腳一開就懷孕，整個孕期都沒有去檢查，胎兒還是壯得跟牛一樣。但我們也常常耳聞，有些孕婦生到連命都快沒了，我自己就是其中之一，生到最後全餐，全身緊急麻醉，嬰兒和大人都差點不保。可是那些少女怎麼可以不知道自己懷孕，蹲廁所時以為在大便，嬰兒咚一下就掉出來，完全都不需要醫生接生護士幫忙。由此可見能否懷孕靠的不是努力，而是摸也摸不著的運氣。當然這些話又老又臭，妳肯定聽過好多次，但我還是想跟妳說，妳是個完整的女人，這輩子無論懷孕與否都不會改變這個事實，希望妳能再三地幫自己打打氣，並且正視心裡那一個討拍的女孩，好好幫自己拍拍。別想著要大氣祝福先生的姐姐，要大氣地看待所有一切，在妳撫慰憋屈的自己時，妳的心自然也會開闊一些，才能有勇氣在試管這條路上繼續走下去。

做試管需要很強的心理素質，可能需要面對一次次的失敗，一次次旁人的過度關心。我有朋友也是試管很多次，有兩、三次成功之後卻又流掉了，目前依舊是努力中。但如果妳認為有小孩這件事是妳人生中很重要的事，那就要不停地往前，繼續嘗試，難過時就哭，想討拍時就討拍，覺得看不順眼其他人懷孕，那就盡量避開，照顧好情緒。無論未來結果如何，妳都得要為自己感到驕傲。

最後還是祝福妳，希望妳能順利得到妳想要的結果。

每一個走在試管路上的女人都是女戰士，必須要抬頭挺胸給自己最大的掌聲！

原生家庭有毒

我一直都很同意心理學家阿爾弗雷德·阿德勒[1]的理論，也許有人不知道阿德勒是誰，但你肯定聽過「幸福的人用童年治癒一生，不幸的人用一生治癒童年」，這句話就是來自於他。確實有些人的童年是不快樂的，尤其是越傳統的家庭越是不快樂，童年的任何看似不怎樣的小創傷，其實都偷偷地在身體某個部位淌血，就看你有沒有發現而已。

1. 奧地利醫師及心理治療師，個體心理學學派的創始人。

馬克太太妳好，我是妳的太白粉，看了妳很多篇文章，知道妳的童年也不是很快樂，所以真的想尋求妳的建議。

我是在一個家暴的環境下長大，很慶幸我沒有被打死，終究能長大成人。而我的媽媽或許長期被家暴，也或許老了，目前身心靈都不太好，需要有人時時刻刻在旁照顧，在沒人可以照顧的情況下，現在是安置在安養中心，現在的我一次打兩、三份工，為了支付媽媽的照護費用，以及維持自己的生活開銷。在母親進入安養中心後，我便沒有與父親聯繫了，除了對他感到反感外，其實更多的是害怕，我更害怕的是未來我可能需要撫養他終老，前陣子父親也威脅我，說我不理會他的話，他要報警，說我遺棄他。

這些年我一直在服務業工作，雖然公司福利真的不錯，薪水也不賴，不過服務業畢竟是死薪水，我又要怎麼去撫養他們？我也有想過要轉職，但一直都待在服務業的我，應該也意味著我就是個沒有一技之長的人吧，又怎麼可能轉職。當然我也有想過，在現在的工作上好好努力，看未來是否能升遷當主管，只是服務業每天的工作都是重複的，除了乏味外，最可怕的是我感受到主管似乎特別喜歡找我麻煩，我不確定是我真的做不好，還是只是因為我是同性戀。我實在不曉得我是否該繼續待在這等機會升遷，當然這也要等到上面的人離開才有可能，還是說我就乾脆轉職算了。無論是父親的事，還是工作的事，都讓我不知所措，不知道自己該何去何從？

法律是給懂的人用的

嗨太白粉你好，這封來信讓我讀得很心痛，因為孩子真的是無辜的，你無法選擇父母，但你的父母其實可以為你選擇環境。並不是離婚後，小孩的發展就會不健全，很遺憾的是多數人都被這種很偏頗的觀念所捆綁，因此以為自己忍著點，總會有柳暗花明的一天。講這些並非在究責你母親，我也能理解那些奉行著比刺青還難洗去的八股觀念舊思想的女人，已被教育成這樣，是很難敢做出跟當時年代風氣背道而馳的行為的，否則到底誰會願意被打落牙齒和血吞呢？

但現在開始你已經是成年人了，所謂的成年人，即是從滿十八歲的那一刻開始，你所做的任何行為都要為自己負責，你若做錯事需要負刑事責任時，父母是不需有連帶責任的，也就是說當你十八歲時，你就是一個擁有完全行為能力的人。說這些不是在賣弄法律知識，而是當初身為小小孩的你不能保護自己，至少成年後的你也要能為自己做些什麼，那麼既然你是個成年人，就等同你有能力做選擇，你也有選擇權，相對的你也要能承擔你做的任何決定。

那句「天下沒有不是的父母」也是偏頗得很，給孩子帶來這麼多創傷的父母真的沒有不是嗎？相信受過傷的孩子聽到這句話絕對是會跳腳的。

因此這社會上沒有一個人，也沒有一條法律能要求你一定得原諒父親。原諒不是嘴巴說說要放下，你就可以放下，這麼大的傷痕本來就需要很長的時間來修復。或許你會像阿德勒說的，需要用一輩子來療癒自己，這樣的創傷得需要一點時間沖洗，就算是沖洗到讓你不再如此傷痛，也不代表要原諒父親，而是讓你的黑暗面少一些。而棄養罪哪那麼容易成立，那得要你父親躺在那裡無自理能力，生存已陷入困難，生命充滿危險，才能被提起公訴；不是說他要求你給多少生活費，給不起，就能告你的。若是真的覺得這樣不合格的父親，無論如何你都不願撫養，一口飯都不願給他吃，那麼你可以尋求法律協助，找律師聲請「免除扶養義務」免除照顧的職責。我寫了這麼多，重點就是：若想要改變，你得要找方法，不能只是待在原地一直被失職的父親威脅。這樣說可能有點過分，但是法律不是真的保護好人，而是保護會去鑽研的人，若不懂你就會被唬得一愣一愣的。適時地尋求律師是非常必要的，至少他們啃了那麼多年的刑法課本會比我們專業很多。

少拿沒能力代替沒勇氣的藉口

有一句話是「人生是一連串的選擇」，如果你覺得這句話是肯定的，那麼你的未來就是你曾經選擇的結果，因此沒有那種有多無可奈何的事，只有你到底有多想要的決心。

前幾年有一句非常文青的句子：如果可以＿＿＿＿，誰想要＿＿＿＿。空白處你可以自由填空，老實說這句話我認為是非常消極被動的（我先說我絕對沒有針對任何人），可能在某些情緒點，可以讓不知所措的你感到些許釋懷，不過若是填空裡是打入「如果可以當好人，誰想要當壞人」，你也會認同嗎？說到底，當不當壞人不就是個人選擇？無論是作奸犯科，還是要廣結善緣到處布施，這都是出自於個人行為，你能不能轉職成功就跟有沒有能力沒有絕對的關係。

當然技術是需要學習的，根據想要轉職的工作，必須重新學習技能，這是理所當然的，更要花更多心力去達到。那些職人可能早在好幾年前甚至是學生時代就在做這件事，想要轉職肯定辛苦，只不過那些如魚得水的人比你早辛苦罷了，轉職能不能成功，端看你有多大的決心以及用了多少時間培養新技術。

最看不起你的人是你自己

其實就算是現在，還是很多人覺得服務業是低層人員，不過就是政治正確地說職業不分貴賤而已。

很多人都不希望自己的行業是服務業，又或者說即使是服務業，那也要當有漂亮頭銜的服務業，畢竟每個行業也是都有鄙視鏈的，例如一樣都是服務業，空服員與一般餐廳接待，多數人大概都會選空服員，因為頭銜好聽一點。或許讀到這裡的讀者可能想戳我瞧不起餐廳接待，但我必須先說，我官芷儀發誓（手比三對著天）我真的從來沒有這樣的心思（我就是很怕事的婦女），尤其是我自己一路上都是服務業，咱們就是以一個普羅大眾的社會價值觀去探討而已。

鏡頭拉回來，來信的這位太白粉，我不知道你是怎麼看待服務業的，但或許打從心裡是看不起的，才會在信裡寫著自己沒有一技之長因此待在服務業。若是你真心地這樣認為，那麼這封信寫來給我，也是在問沒有一技之長、一直都是服務業的我，畢竟本人可是從餐飲業到百貨站櫃再到飯店業，樣樣都跟服務有關，從前大學的主修還是休閒管理，休閒管理可是食衣住行都要學。

有一堂課叫顧客管理學，其中一樣叫服務的異質性。這三個字簡單來說就是，就算一家公司再怎麼好，第一線員工非常重要，也非常難控管，因為員工不是機器，也會有自己的愛好與個性七情六慾（？），有可能因為一個員工的服務跟其他人不一樣，這家公司就會被客人投訴，嚴重一點會造成危機，這個就是服務的異質性。所以服務重不重要？當然很重要，不同人給出的服務，顧客的回饋會不一樣，那怎麼能說不是一技之長？只不過傳統的思維認為，啊服務業就是端東西給客人而已，加上要做服務業的門檻比較低，不需要其他特別的技術，才會讓很多人誤以為服務業都是沒一技之長的人在做的。

要我來說，我會說服務業真的是需要高ＥＱ、高耐心的工作，需要有好的情緒管理，擁有自己的一套解壓系統，並且要能夠察言觀色，還要對公司販賣的商品有滿滿的知識。要在服務業裡看起來很專業，真的不是一般的人可以做到的。

服務業真的是沒有一技之長嗎？還是自己職業倦怠想轉換跑道，但是又沒把握的藉口呢？

我摸著咪咪下的良心說，世上的工作幾乎都是不斷重複，如魚得水的那天有時也是無趣的開始，想要對抗倦怠感，只能靠自己在工作裡找到成就感。也如同你說的公司待遇不錯，會自動調薪，你若需要一份穩定的工作那這其實是適合你的，但如果是為了要實現自我，那你當然也要有承擔做完決定後沒有馬上看到成效的風險，也得為轉換跑道這件事先存一筆錢，因為換了一份不拿手的工作你需要時間調適，當然心理建設也要做好，年資也要重新計算了。但說來說去，沒有能力才來做服務業這句話，始終是你自己先瞧不起自己了，這思維得要拿掉。

別人的教養問題不該你來承擔

職場裡除了同事很讓人頭痛以外，另一個最讓人害怕的，莫過於自己的主管疑似特別針對自己。我十幾歲開始工作時，我覺得所有主管都在針對我，但套句電商女王周品均的某一本書書名「職場又不是沙發，追求舒適要幹嘛？」多數的主管因為有來自上面的壓力，對下屬的要求都不可能太低，不然底下的人做不好，主管就是打頭陣第一個被罵。因此在覺得自己被針對時，要盡可能客觀看看，到底是自己其實做得不夠好，還是對方真的想要霸凌你。

如果是真的被霸凌，那麼得要設法蒐證向上舉報，或是提起勇氣正面回應，不能待在原地不吭聲，那麼事情只會惡化而已。

更別說是對方因為你的性向而欺負你，你從來都不應該懷疑自己會因為性向問題而被霸凌。每個人都不一樣，但都是需要得到尊重的，工作上的表現跟性向不應該劃上等號，我不想講什麼要為自己驕傲，但至少不應該因為身為自己而抱歉，若真的在職場上有人因性向而瞧不起你，那是他們的教養有問題，不是你的性向出問題。或許你依舊沒有信心，像我選物社團裡有一位小幫手就是生理女心理男，她與大家處得很好，她的性向也從來不是我們年度考績審核的一部分，我向你保證這世界雖然邪惡，但也有很多正常的人。

除了無法選擇原生家庭以外，基本上人生的所有決定都是自己選擇的。無論是不得不而做出的選擇，還是昧著良心的決定，又或是因為不夠成熟而做錯決定，所有的一切，都是自己選的，無論好壞，實話是怨不了其他人。當然我們是人類，總是會有鬼迷心竅，被鬼牽著走，不知道自己為啥會這樣選，而需要承擔自己愚蠢的後果的時候，你可以原地哭一哭，收拾好情緒繼續向前走，或在原地繞圈圈，也或許你可以向朋友抱怨，詢問他人意見，但無論如何，最終能跳脫狀態的，只有你自己。尤其是你意識到原生家庭有毒時，你更應該要為了不繼續這樣的狀態努力地去做改變。

當你在跟人訴苦時，應該先問問自己，這些是不是你自己選擇後的結果。如果狀態是痛苦的，你是否打算改變，還是你只是想要討拍而已？

原生家庭的選擇來自於懂投胎的技術，但誰會真的懂如何投胎？與其學投胎還不如學會為自己的人生下決定。

婚外情有時最無情

我一直覺得「避嫌」是人與人相處裡很重要的一環，在我的認知裡我甚至覺得這是常識，是成人世界裡很理所當然的一件事，但是真的很多人不這樣做，我不確定是對自己太有自信，還是裝傻。很早以前我就曾經對大家說過，每個人都有可能會在一段關係裡愛上另一個人，或是同時欣賞另一個人，只不過欣賞或好感只要你懂得拿捏，是可以讓這份欣賞成為單純的友誼，而不是愛情。而這篇文章的分享，肯定會讓道德感重的人大跳腳，但這篇的重點是有關自我覺察，還請看官們別急著跳腳。

嗨馬克太太妳好，我一直都是妳的忠實讀者，看過妳分享過兩性議題，知道妳不是先入為主或是道德至上的人。我想來分享我的故事給妳，希望妳看完後能給我些建議，還請妳別鞭打得太用力。

我本來是一個四十歲的人妻，外人看我的婚姻覺得很不錯，但我卻感受不到幸福，因為我的另一半就是個木頭，也就是現在大家說的直男。什麼結婚紀念日啊情人節啊甚至是生日，似乎都跟我無關；每當有節日到來，跟別的家庭比起來就是兩個平行世界，我們每天都一樣，吃飯睡覺日日夜夜，沒盡頭一樣地重複著。我的老公在意的就是賺錢養家，假日也想著要賺錢，這樣的無趣生活感受不到幸福感，我也就默默地承受著，大概也習慣了吧，我真的好羨慕其他人的快樂婚姻，有時看到馬克先生情人節送花給妳，都會想著自己是不是嫁錯了男人。

兩年前的某一天，我去喝咖啡時意外發現老闆是我的大學同學，原本早已斷了聯繫，聊過天後也留下彼此的電話號碼。也許他是客套，但聊天時他誇獎我跟大學時一樣漂亮，保養得非常好時，我還是很開心，這是婚後第一次聽到有異性這樣對我說話。

往後的日子我們也沒有因為有電話而特別接觸，就只是社群上互動，他永遠都是第一個留言給我按讚的人，也因為這樣我們開始會在社群上對話。因為也聊得很愉快，往後定時見面吃飯，聊的話題也就從無關緊要的事，深入到彼此的家庭生活。我也是那時才發現我們兩個根本是同病相憐，在婚姻生活裡都不快樂，於是我們就跨越道德的那條線，跟他相處時我就像是被他捧在手心的公主。

可能在他人眼裡我們這種違反道德的戀情都只是一時激情，但是我們彼此很認真，也說好要結束婚姻，兩個人在一起。就這樣我離婚了，可是他還沒離婚前就被另一半發現，最後他與老婆協議說好三個月後辦離婚，現在先分居。三個月後的現在，男友卻以老婆的心理狀況不好無法棄對方不顧，希望我能再等等，等他老婆康復。我願意等，我會為他做飯送他上班，做很多小事，他從一開始的感動轉變成覺得我在給他壓力，不願給他私人時間，我一直退，也相信他目前在努力存錢是為了我們彼此的將來。

但我在上次見他時偷偷地看他手機裡與老婆的對話內容，內容十分恩愛，跟當初他對我說的與老婆無話可說完全是相反的。大概是嫉妒心作祟，我甚至幼稚到去數他給他老婆傳訊息傳了幾顆心，數完更難過，因為數量比我還要多。

當下心如刀割，覺得他背叛，又覺得是他毀了我的婚姻，而他的婚姻卻還存在著。我愛他，因此相信著他對我的承諾，相信他會離婚跟我在一起，可是看起來他卻對我說謊，我內心糾結得不得了。我好生氣，也好不甘心，現在的我真的不知道該如何是好，不知道太太看完後會有答案嗎？

婚外情的專屬台詞

嗨，不知道要不要離開的人妳好。

婚外情的題材在韓劇、日劇甚至是台劇等灑狗血類戲劇中，都是編劇很愛用的題材，我想妳一定是看過的。通常男人要往外發展時（先說好我沒針對男性是剛好電視都這樣演），總是會對心儀的女性訴苦，說他們在自己的婚姻中不快樂，嫌棄家裡的老婆，把自己搞得像憂鬱小生，而這個爛到不行的手段，還是讓很多女性甘願地當人家的小三。

有些人婚外情是因為自己的家庭生活趨於平淡，遇到一個個性不一樣的女性就會特別的起秋（？），男性賀爾蒙猛增直接變成求偶狀態；有些人婚外情是慣性，他就是喜歡像蒼蠅一樣到處沾，這樣的行為對他們來說就如同在料理中加鹽調味。不過，無論是哪種人，不是所有婚外情的人都會想要結束他們所謂的「不快樂婚姻」，畢竟談離婚是很不容易的，尤其是自己先做出違反法律的一夫一妻制時，更是難以啟齒；若有孩子更複雜，除了撫養權外，財產也要分清楚，尤其是沒有「做錯」的那方更不會輕易地甘願簽字離婚。妳才等多久妳就不甘心了，更何況對方的老婆是人家明媒正娶的，有法律認證的，又怎麼可能會心甘情願就放下讓你們快活去？再說多數人若不到非不得已的狀況下，才不會離婚，不然明明說婚姻不快樂的妳，當初不也沒有想過要離婚，而是這樣繼續過日子？

你的婚姻也可能是他人的嚮往

在文章後頭，那句我真的不知道該如何是好，我猜測應該是與大學同學的關係，應該不是在問與老公的婚姻吧？如果是問與老公的婚姻，我覺得挺簡單，好好地跟對方談，說妳是一時衝動，但我想妳糾結的一定不是這個。如妳信中說的，妳受夠了先生的木頭樣，可是妳可能不清楚，在妳認為很浪漫的馬克先生也是直男，他的浪漫送花是因為他老婆本人比他更會搞這些小浪漫。在我還沒那麼忙也沒有經濟能力時，每次過節我的手作卡片都會以出國比賽的規格製作，有點經濟能力時，我會在紀念日訂餐廳，自己想 dress code，每一次馬克先生都覺得我很誇張，但是我就是這麼喜歡那種儀式感。妳希望得到的同時，若是沒有付出，那當然生活不會如妳期待，再說妳自己在特別節日也沒有表示，不就代表著妳也不在意嗎？關係是雙向的，等著王子來的公主只會出現在童話裡。

我不確定妳當初在結婚時，有沒有想過自己到底要的是什麼樣的另一半，自己適合婚姻嗎？還是更適合談戀愛就好？以這篇來信來看，木頭老公雖然沒有什麼生活情趣，但卻有乖乖地賺錢養家；雖然沒有看過妳本人，但既然大學同學還是覺得妳有滿滿的魅力，肯定也是妳保養得宜，而保養這件事很現實，通常是經濟有點充裕才能做，因為信裡沒提到妳有工作，那可能也代表著妳是花先生的錢。直男老公的浪漫或許在這裡，讓妳沒有極大的生活煩惱，不需要為了經濟蠟燭兩頭燒，又或是情緒勒索妳，不然妳這段所謂不快樂的婚姻怎麼可能只有抱怨老公沒有情趣、沒有浪漫、沒有幸福感？但是妳所討厭的事，可是有很多人羨慕著，平平淡淡在某方面也是一種福氣，這不是在指責妳，不過想跟妳說，在妳羨慕別人的同時，也有人羨慕著妳。

不過，如果妳是喜歡當公主般被寵愛這樣浪漫的生活，有極大可能會不適合婚姻，因為無論愛情多麼轟轟烈烈，最終就是會走入平淡，平淡就是真實婚姻的寫照。所謂的浪漫生活，有一大部分是經營出來的，一定要有人先主動去創造儀式感，不然其實再怎麼樣的絕世美女與帥哥，每天看也會麻痺的，妳說對吧？

你想飛蛾撲火但我只想回到原來的生活

婚外情被攤開來之後，除了觀感不好外也會有法律問題。兩個在婚姻裡的人都向外發展，直白難聽點說就是彼此都是第三者，雖然我本人對第三者這事沒有多的評論，但這不是電視劇，不是不被愛的才是第三者；台灣就是一夫一妻制，結婚證書不只是一張紙，文青點的說法那是承諾與責任，粗暴一點的說法就是配偶權益的保障，也就是對方可以告妳侵害配偶權，相對的妳老公也可以告妳的外遇對象。再說，除了告小三之外也可以告配偶，若他的老婆真的精神出問題，她還可以要求精神損害賠償，也能尋求法律獲得更多的財產。除了這個外，當然如果夠聰明就會脫產得乾乾淨淨，可是世俗的倫理道德，可不是不理會就可以了，妳能飛蛾撲火，乾乾脆脆說離婚就離婚，對方可沒有妳的魄力！

騎驢不見得能找到馬，如同那些年，妳的婚姻很痛苦但妳還是得過且過，沒有面對自己的真實感受，現在覺得自己找到馬，所以要把驢丟了，但是他真的是妳的馬嗎？何況還是有配偶的馬。

在妳奮不顧身時，就得要明白所有可能會發生的後果。這件事單方面看肯定覺得男人很渣，怎麼女人這麼勇敢了，他卻不敢果斷地跟妳一起走；可是從另一個層面來看，這件事最終的決定權在妳手上，是妳決定要離婚，沒有人拿刀架著妳簽字！

說這麼多，我還是不能給妳一個確切的答案，可以的話我真想說有情人終成眷屬，但成人的我們不是只有情就能解決。他的婚姻到底會如何發展，妳不需要再糾結，現在的狀態也剛好給彼此空間，他若真的不快樂，自然婚姻就會斷，最終會來找妳。要是因為覺得有被背叛的感覺而不甘心、嚥不下氣，死死抓著對方不放，妳也只是把他推更遠。我對這樣的戀情沒有任何評論，要妳不再去糾結也不是因為道德倫理，而是只要是人都不喜歡那種壓迫感，妳以為妳在抓對方，其實抓住的是自己，把自己限在原地的框框裡。在兩性關係裡沒有誰可以緊緊抓住誰，倘若妳不抓，他跑了，那也只是早晚的問題，現在抓到，明天還是可能會跑，愛情也是有沉沒成本的，因為不甘心之前的付出，想要扳回一城，往往會損失更多。

比起思考那個不想果斷離開的男人的問題，我認為妳得要花點時間去認識自己，比如妳喜歡什麼興趣？若有一份喜歡的工作要不要再更投入一些呢？別忘記妳現在可是單身女性，既然從前不快樂的婚姻結束了，當然要好好過得精采。

快樂是找來的，不是別人給妳的；浪漫是搞來的，不能等男人給妳；而幸福更不是妳願意等，它就會願意來。

愛情與親情從來都不該是選擇題

嗨，馬克太太妳好，我跟妳一樣在一個傳統又大男人主義父權掌控的家庭長大，因此很羨慕妳能有辦法跳出他們的控制。

因為傳統，家人很愛算命，也很相信這套理論。算命老師告訴我的父母我會很早婚，因為這樣，家裡的管教又更嚴格。為了不要讓我早婚，父母是不准我擁有手機的，當然自由地跟朋友一起出去逛街聚餐那更是不可能，得要向父母稟報，他們一一確認朋友後我才能出去。要是我偷溜被家人發現的話，就得要在神明廳跪著跟祖先懺悔，當然也包含賜我幾巴掌。

我沒有上大學，家人覺得我在家幫忙生意就好，不確定是否因為擔心我會早婚，而這樣幫我安排。因為他們是有計畫讓姐姐出國遊學的，因此我們家應該是沒有重男輕女的問題，不是因為我是女生而沒有繼續升學。可能妳會問我怎麼沒有拒絕，其實當時就是剛好天時地利人和，我也不知道要幹嘛所以就將就了。

而我當然就是除了在家工作過著一成不變的生活外，也偷偷地交了男朋友。男友與我相差超過十歲，或許他見過的世面較多，而我是很單純地在爸媽保護下長大，因此每次我在路上想要跟身障人士買東西，他都會很生氣，覺得我很單純很傻，覺得我都會被騙。也或許我們年齡相差太大，這些年來就是吵翻天，我也有想過要分手，尤其男友曾經在我的家人生病住院時，逼迫我跟他一起去聚餐，我實在沒心思便拒絕他，男友卻為了這件事不開心。事情雖然過了但心裡頭好像有刺般，一直有點在意，但又覺得男友其實對我很好。

譬如我發現懷孕時，實在太害怕父母知道後的後果，毅然決然就拿掉了，我在沒有告訴男友的狀態下就把小孩處理掉，我內心愧疚不已無法面對男友，而因為無法面對他，最後提了分手。想不到男友知道後，卻沒有怪罪我拿掉小孩，只有滿滿的擔心，想盡辦法想要照顧我，這也是為什麼我還願意待在他身邊。

但現在父母知道他的存在了，他們不喜歡男友，男友也不喜歡我的父母。現在的我很兩難，男友希望結婚生子，可是我還不想要，但我也不想與他分手；而父母逼著我得在男友與家人之間做出選擇，我實在是被逼到不知道該怎麼辦了，我不想放棄與男友多年的感情，可是我還是愛著家人，我不想拋棄家人。

不下決定就無法怪別人幫你下

當我收到這封來信時，我花了好長的時間才把信件消化完。我的信箱裡有各種委屈、悲傷、無奈、渺茫、失望的信件，會選這封信改編後寫進我第二本書的最大原因，不是這封信的事件，而是裡頭的瑣碎事件看似沒什麼，但真要探討裡頭細節，件件都是能直接影響人生的。

很愛算命家庭出生的小姐姐，一開頭就說了父母因為擔心她會如算命仙說的一樣會早婚，因此高中一畢業後被要求在家幫忙。雖然是父母要求的，但自己的人生絕對是有權利與義務去評估這樣的安排是否妥當的。

這件事最終可以下決定的是自己，但小姐姐妳卻沒有拒絕。的確，父母是這件事的推手，不過就如同妳說的天時地利人和，或許是自己對未來太多不確定感，因此就這樣順著答應這荒謬的安排。這件事真的很荒謬，不過是擔心孩子太早出嫁，乾脆就綁在家裡，妳當下沒有反抗，多年後的現在，妳的生活大概不是所預期的那樣，便開始歸咎。當然我收到的來信，並沒有寫到任何一句，認為父母要為妳負責，不過人可以用言語欺騙大腦，但身體可是誠實的，其實妳或多或少認為父母要負責任，若真的不在意，妳就不會在信的一開頭就提到這事了。

別讓孝順成為裹著糖衣的毒藥

每每只要我說自己的人生要自己決定，便有各種「可是」出現，也能猜到絕對會有一票人閱讀完前面文字之後，認為這事情說得簡單，做起來困難。這是肯定的，每個人都會說，要真的實踐確實不容易。

認真說來，其實很多人都會贊同我的那句「人生要為自己下決定」，不過話都是聽一半，後面那句是，每個決定都要付出代價，當你不接受父母的決定而反抗時，當父母的百分之兩百會受傷。我說得斬釘截鐵，除了從前的案例外，也因為自己是母親，以常理來說，父母都會盡量為你安排一條他們認為的、看似前途似錦的康莊大道，雖說當父親與母親也是有課題要學習，但那是父母該面對的，而不是當子女的責任。

亞洲文化特別強調孝，我自己是認同孝順的，也不認為這與自己下決定有衝突，不過要無視他人的關心與意見，除了心臟要強大外，將會付出與對方的價值觀拉扯的代價，尤其你拉扯的對象是父母時，會有段時間一直鬼打牆，就像傳說中自殺的人會一直無限輪迴著，在未達成共識前，彼此的關係就如同煙火綻放後瀰漫著灰壓壓的煙霧。這世上實在太難兩全其美，不可能什麼事都遵照父母，又剛好擁有如自己預期一樣的人生。

若不願鼓起勇氣去思考自己真正需要的、想要的是什麼，那麼你不能在未來再回過頭去究責，這不是所謂的孝順，不過是愚孝罷了。愚孝啊，最終將會是父母怪孩子不成器，孩子怪父母多管閒事。

尊重是理所當然

這篇信讓我讀得最心驚膽跳的地方，就是有關於男女相處的那一段。我聽過、看過好多女生都會把男人該給的尊重視為特別的關愛，但卻把不該理所當然的事視為應該的，譬如吃飯一定要男生付款，但這個我們今天不討論，留著以後有機會再談。

有一次我在臉書專頁分享和孩子的爸爸有爭執後，我們如何討論與解決，接著我就收到好幾位的留言與訊息，那些留言總歸一句簡短解釋就是：

「馬克先生願意幫妳做家事已經很好了，很多人的老公都不願意的，妳要知足啊。」

我自己的親姑姑也在我的文章底下留言，試著對我諄諄教誨，要我別任性，姑姑妳要是看到別誤會，我真的沒有針對妳（我就是求生欲強的婦女哈哈）。

這些留言乍看之下好似有理，但其實一點道理也沒有。兩個人共同組建了一個家庭，兩個人決定生了孩子，兩個人除了是愛人也是室友，撇除愛人這件事，以前合租房子時，室友們分工合作整理家裡不是天經地義嗎？大家都有責任維持一個家的整潔吧。馬克先生「做家事」這件事對我來說是一件再正常不過的事，畢竟我也有相同的付出，怎麼沒有人對著男人說，你老婆會做家事，你要知足，這完全是雙標。

不過也不能怪這樣想的人，畢竟建立父權體制的是男人，是男人列了好多女人應該與不應該做的事，什麼男主外、女主內，這也是父權體系的創作，才會有後來只要身為男人照顧孩子換個尿布掃掃地偶爾做個飯，要是又有點經濟能力，我的天啊！就成為超級績優股了。若是性別對調，女性做這些那就是應該的，甚至有更高的要求。

來信的小姐姐因為不小心懷孕而把孩子拿掉，就算有愧疚感也應該是對孩子的愧疚，而不是對男友。一個獨立的女人除了經濟、精神可以獨立外，身體也應該是自由的，這也代表著若懷孕了，不能把責任全都賴在男人身上，他若不願穿雨衣，妳也可以謝謝再聯絡。要不妳也可以牆壁挖個洞，讓他那邊去摩擦，牆壁挖洞太麻煩的話，直接拿個仙人掌盆栽（？？疑）。既然沒有做到保護自己，那思前想後決定把孩子拿掉，至少也是對自己負責任的一種，因為妳還沒準備好當媽媽，自己決定拿掉，看似很殘忍，但沒有準備好地迎接孩子，只是大家一起下地獄罷了。男友知道了沒責罵，怎麼變成優點了？他應該也要愧疚，畢竟白白稠稠的液體是他送妳的，兩個人的責任是一人一半，這樣才對不是嗎？

若照這封來信，這男友有很多地方其實非常不尊重人，無法站在他人立場著想，否則也不會因女友拒絕社交邀約，就鬧脾氣。

父母真正的聲音

這封信讀到最後，其實有點像是把我腦子裡的一個死結打開了。記得我的婚姻是不被看好的，正確來說，我的家人沒有看好我過任何一件事，五年前在英國舉辦婚禮時，我在結婚前夕懷孕了，本該是雙喜臨門，但我的父母不願來參加。因此我忍著孕期的不適，一個人走紅毯，當天一個人梳化妝，什麼都自己來，接著也是自己一個人搭上禮車，真的很心酸。但沒辦法，我的父母不看好我，不看好我的婚姻跟對象，但難過之餘我也只能往前，能做的就是好好照顧自己。五年過去了，到現在我的父母還是沒有說過一句誇獎的話，但是可以從對話了解到，他們不再像從前一樣了。

我也突然明白，那些要孩子做出選擇的背後，真正的聲音其實是：「孩子我怕你錯付情郎啊」。因為不懂表達，只能用這種激烈的方式來情緒勒索，這件事的癥結點從來不是有男友就不能有父母，有父母就得要斷情郎，而是好好評估這個男人為什麼會讓父母不放心，是因為什麼？如果妳執意要跟他一起，那未來不幸福時，妳能夠怎麼做，能承擔起做錯的決定嗎？妳可以瀟灑地說走就走，跟徐志摩一樣揮揮衣袖不帶走一片雲彩嗎？還是妳會在原地徘徊不知所措？

雖然我不太干涉別人的決定，但像這樣的男人，我也是投不認同票的。這麼說也許太薄情了，不過一個不能有同理心的男人，真的很難在婚後同理妳在婚姻裡遇到的問題，搞不好未來任何問題都賴在妳頭上呢！

沒有那種有父母就不能在一起的男友，只有不讓人放心的男友。

說穿了，男丁的功能就是「捧斗」

馬克太太妳好，弟弟是家裡的唯一男生，他在外面欠了好幾百萬，但是卻沒有要解決的意思，還要我與妹妹兩個人幫忙。但我本人是個全職媽媽根本沒有工作，弟弟看我沒辦法就把一部分的債務讓妹妹去處理。根據弟弟的說法，這債務說只有幾期，一、兩年就可以處理完，但我與妹妹去查證後才發現，根本不是一、兩年就能解決的。

雖然我與妹妹真的很想兩手一攤，但我們結婚後早就不住在家裡，只剩父母與弟弟同住，我們好擔心如果沒有幫助弟弟會影響到父母。弟弟也嗆我們說如果沒有人要幫他，他要讓自己信用破產。加上弟弟的工作是組頭，我們不確定要是不理會，父母會不會被討債的威脅，會不會受傷？

我們這樣想好像很無情，但這已經不是弟弟第一次這樣了。從我學生時代開始，弟弟就開始出現大大小小的債務，我們真的好痛苦。父母生病時，我與妹妹很努力地每個月擠出錢來請看護幫忙，畢竟弟弟雖然住在家裡，但卻不願照顧父母，為什麼我們做到這地步了，現在還要被這樣對待？我們也不敢對外張揚，畢竟這種家醜實在是讓人丟臉丟到無地自容，我到底該怎麼辦？

這如果是家醜也只有他一個人醜

在我剛開始寫粉專時，我們家唯一的香火捅的簍子不是不大，但是當時父母一直都是張開雙臂守護著弟弟，因此並沒有爆發開來。尤其我母親，她對於香火的忍受度高到讓旁人無法理解，從第一次香火烙賽開始做些旁門左道的事，我母親便開始幫他親手擦屁股，但家裡的香火並沒有因此大徹大悟。不過想想也不能怪他沒有大徹大悟，就像嬰兒會在噴屎沾滿尿布後，因為父母幫他換好，就在隔天突然學會自己擦嗎？而這種一而再、再而三地做重複的事的人就是巨嬰，反正父母會處理，我儘管舒暢地做自己想要做的事就好，不管後果會如何，反正總會有人解決掉，這就是那些一直重複欠下巨額債務的人深層的心態。

隨著我的粉專追蹤人數越來越多，香火的債務也越來越高，高到連我爸拚死拚活寧可我們辛苦辦就學貸款也不願變賣的「周公阿善」（台語：祖先留下來的財產）都賣了，也沒辦法全部幫他承擔時，後台開始有人會來私訊我要錢。我本人是領著良民證的優良居民（我真的是優良居民只是嘴壞了些而已？），收到這些帶有威脅的訊息，我真的是嚇爛了。一方面怕要是事情攤開說，會不會被追蹤者和粉絲們誤以為我也是這種不要臉的人，另一方面我知道父親認為這是家醜，不允許我把這些破事搬上檯面談；但我不明白的是，做錯事的人不是我，為什麼我也要跟著活得戰戰兢兢的？尤其是家裡香火的態度是兩手一攤，你們不幫我，要是我被那些要債的欺負而受傷，你們這些家人就是有責任。

而這封信的男主角——弟弟先生跟我家香火抱持的心態一模一樣，看準了我們這些優良居民的愧疚感會跟《還珠格格》裡的爾康與紫薇一樣滿出來，才敢說出沒人幫忙就要讓自己的信用破產這種話。問題是，自己的信用破產後，最麻煩的應該是弟弟自己才對，干我們什麼事？不，魔鬼藏在細節裡，他就是料到父母要是受騷擾，當女兒的會覺得好像是自己薄情不幫忙扛下債務，才產生這樣的事態。但這件事說到底，除了欠債的人本身有責任外，其他人都沒有義務需要去共同承擔責任。因此，只要家裡有這樣的債務人出現時，現在的我一定會鼓勵大家，你們就讓事情透明化，讓全世界知道欠下債務的人是誰，你們以為姑息是顧及面子，其實是把自己的路封死，讓自己也一起陷入債務漩渦裡罷了。再說，會做出這種事的人老早就沒有臉，又怎麼可能怕丟臉，對方都不怕丟臉時，身為家人的你們為何要替他擔心呢？

債權人要的是錢，不是你父母的命

那種被債主追討威脅、風吹草動草枝擺（？）、草木皆兵的日子，真的是遇過的人才懂。很可怕，一方面自己很不甘心，心想為什麼要幫忙承擔債務？一方面又擔心父母會因此而受到連累遭殃。有些明理的父母會護著其他小孩，讓闖禍的人自己去收拾；但多數的父母因為捨不得，通常是動之以情，用大大小小的情緒勒索，來讓其他家人一起贊助，分擔債務。

我記得有一次有個債主去我老家跟我爸昌ㄟ要錢，昌ㄟ每天被各種不同的人來要債要到很麻木也心煩，於是就不客氣地對著對方大聲說沒有錢，叫他走。對方脾氣也不小，抓起衣領就想打我爸，當然最後他的理智線沒斷，不然換likelihood

說到被債主追債，我們家真的是被追到有心得。我這樣講好像很厚臉皮，但是我發誓我們一開始真的是竭盡所能地擠出鈔票幫忙了。但越幫忙，家裡香火的烙賽就越嚴重，有些債主會來家裡聲淚俱下地哭窮，有些會威脅恐嚇利誘，還有些會提高債務的金額，然後說不然你給多少，這筆帳就算了；但實際上他不過是提高債務，讓你覺得只要你拿出錢就可以解決一件事，還以為很划算。

但追根究柢，債主要的是錢，他們不會無緣無故就動手去傷害你們，一個不小心還要被你們告傷害，對債主來說是賠了夫人又折兵。因此若有人用父母的安危威脅你們，雖然聽起來很令人害怕，但還是請你們冷靜分析。當然若是真的有人來家裡鬧，你們感受到威脅時，請記得報案，與其直接去幫人解決債務，不如把錢花在裝監視器上。那些巨大的債務坑，連新上任首富伊隆·馬斯克（Elon Musk）都解決不了，我們這種活老百姓哪有能力，你們說是吧？

女人不是犧牲品

其實不是只有亞洲社會，而是古今中外就是個父權制度的社會，因而造成很多人認為非得要生下男丁才算是對祖宗十八代有交代。或許有人覺得，拜託這都什麼年代了，怎麼可能還會有這樣的想法？沒錯！若是以政治正確的方式說話，誰都會說生男生女都好，只求孩子平安健康。但有趣的是，我也聽過很多年輕女孩得知第一胎是男生時而鬆了一口氣，又或是跟家裡的嫂嫂嬸嬸們同時懷孕，懷上男嬰的那方會有莫名的優越感。當然這樣的現象有逐漸地減少，但還是充斥在社會的各個角落，很多受害女人從小在資源分配不公的環境下長大，明明覺得很不是滋味，卻也不小心被潛移默化，成為父權社會下的祭品。若妳覺得男丁特別受到重視是父權社會下的壞制度，那麼妳得要清清醒醒地告訴自己，無論家裡男丁出多大的紕漏，都不應該是身為姐姐妹妹的妳應該要幫忙的，尤其是超出妳的能力之外的忙，更不應該幫，不能只因為他是男生、他不應該出事，就心軟幫忙。傳統思想認為男丁要傳承姓氏，有男丁才有人捧斗，這都是父權制度下所建立的，而建立這制度的人是男人，時間久了，好像就理所當然一樣。難道女人就不能捧斗嗎？是那個斗千斤萬斤重女人捧不了嗎？就算是上萬斤，雙手捧不了，那叫吊車來吊不就得了（？）。

有時無情亦是多情

隨著你的角色不同，閱讀這篇文章的感受也會不一樣。若你是欠債的人，或許會覺得身旁的人怎麼就如此狠心，但人啊其實某部分是很頑劣的，只有破釜沉舟盪到谷底，彷彿每天都是黑夜不會有天明到來的那天時，才有可能會停下來。

若你是債主看到這篇肯定會氣得牙癢癢，覺得自己借出去的錢再也回不來，對方就此擺爛，家人也不打算出面，肯定覺得委屈極了。但我相信世上是有好心人的，若自己可以借出錢幫忙對方度過難關也是善事一樁，不過無論身為大人的我們願不願意，都得要承擔每個決定的後果。若這筆借貸某天再也要不回來，但卻會影響自己的生活時，可得要想想這個善舉是否是自洽的行為。

每件事總是要把最糟的狀態考慮進去，不然這份善就不是善，而是愚蠢，你也會因為人性而變得對世界絕望，這對你也是不公平的。

不願分擔債務不是薄情，而是分了你的人生會因此而停止。

你不是婚姻裡的受害者

直到如今，我還是覺得女性並沒有從傳統的思想裡真正被解放，很多女人總會說離婚沒什麼了不起，晚婚又怎麼樣，生不生孩子關你啥事？子宮是我的你管我怎麼樣使用？每個女人說這些話都是強而有力、自信滿滿，但是每個都希望最好不要發生在自己身上，有的人還會因為自己比其他女人早一步結婚生子偷偷在心裡有優越感。

我是一個全職的太太，老實說我跟老公當時是因為懷孕而閃婚的。但這些年來的婚姻生活我們吵吵鬧鬧，磨合了十幾年還是在磨合，感覺根本磨合不了，我的精神真的是壓抑得不得了。每次一有想要分開的念頭時，家人朋友總會要我不要衝動，因為我們有三個孩子。只要有離婚的想法時，周遭的人就總叫我別這麼自私，要為孩子思考，別因為這些生活小事就要分開，尤其我年紀也不小了，四十好幾，好像也不太可能有第二春。

這樣的生活真的好痛苦，可是我又害怕分開後的新生活我會沒辦法挺過去，這些年來我因為是全職媽媽，身上根本沒有存款，老公每個月給的也都只是家庭開銷，我就是一個無薪的媽媽。之前也想過要工作，但孩子沒人照顧，老公說了很多理由叫我別去，每次說這樣孩子沒人陪很可憐，我就覺得好像我去工作是一件不對的事。

娘家的父母也不支持我，總說若離婚了孩子可能會被影響，怕他們成長時心靈會受到傷害，我到底該怎麼做才好，是不是真的不要離婚才對孩子是好的呢？

到底哪條法律有規定戀愛年齡

對離婚猶豫不決的全職媽媽，妳好。

每一次只要看到有人說因為年齡的關係，所以要趕緊找個人結婚，又或者因為年齡的關係，即使眼前這男的沒有達到自己真的想要花一輩子和他生活的標準，因為年紀漸漸長了，因此、所以、必須，把這婚給結了。這些話聽得我惶恐萬分，比被皇上誤會還要惶恐，這根本比飛蛾撲火還可怕！飛蛾撲了火頂多就是死翹翹，下輩子重新再來過，孟婆湯不要喝，就能記住別再去撲火，但妳又不是飛蛾，就算當初閃婚是錯誤的決定，只要修正就好了，有需要當飛蛾等到下輩子才能重新來過嗎？

四十好幾到底是犯了什麼罪，為什麼會不能有第二春，難道法條上有規定，四十歲以上的女人就不能再談戀愛了嗎？這些都是傳統社會價值觀而已，若妳不被這樣的價值觀所捆綁，誰能拿妳怎麼樣？

你有多想要就得要多奮不顧身

在寫這篇文章時，台劇《媽，別鬧了！》正火熱熱地連載上映著，這齣劇是來自作者陳名汦寫自己媽媽上網交友追求第二春的真實異國戀故事。

編劇在選角時非常精準，挑中比莉姐演出王玫玫。比莉姐的人生也是有夠精采，那種脫韁式的瘋癲，外人看來很像是一場鬧劇，但她們自己知道，我現在要的是什麼，也或許，其實她們也不知道自己要的是什麼，但至少知道我不滿意現狀，我要做點什麼。

當然這齣劇有很多面向可以探討，但我們這裡只探討愛情。主角王玫玫在丈夫離世後，因為深知自己是一個一定要有伴的人，便以「一定要嫁出去」為目標而開始約會，當然途中她有遇過只是想要把她當第三者的已婚男子，也遇過渣男阿伯，但因為知道自己最終目標是嫁出去，所以一發現不妙，就放手。說實在的，這種灑脫與執著在任何事上都適用，六十歲的她因女兒送的一台電腦，而開始嘗試線上交友，不僅線上交友，她還用「國民外交」的方式跨國交友。發現自己不會英文無法對談，就開始自學，先不說文法發音，總之一年後，她基本問答溝通已沒問題，為了有效擁有第二春，還擬訂戰略，每天會特別對一個國家的人進攻，最後真的找到一個大她十歲的澳洲人，結婚搬去澳洲居住了。

我並不是鼓吹若要有第二春也要上網去交友，而是女主角王玫玫的精神就是我們很需要擁有的。就算一開始只是因為傳統觀念，認為一個家理當要有男人才算家，她也沒有假裝灑脫，而是真切誠實地面對自己的聲音，就像我一開始說的，很多人都說不在意，只要不要發生在自己身上，都可以說得瀟灑，但要是真的自己面對了，卻還是會陷入糾結。

王玫玫清醒地了解自己就是要有人陪，打定主意後，便朝著目標前進。也因為精準地知道自己要的，在約會過程中遇到不適合的不可能娶她的，她就直接放手說再也不見。女人的魅力從來就不應該捆綁在數字上，年輕時那滿滿的膠原蛋白確實可口，我看過很多妹子拿來當作武器。但如果這是妳的唯一武器，那麼隨著年齡的增長，妳將會越來越迷惘，這大概也是為什麼有人覺得女人年紀大了就沒人要，因為說這些話的人，就是粗暴地認為女人與年齡理當捆綁在一起，但真正讓女人活得閃亮亮的，從來都不只是年齡而已，妳的活力朝氣以及有趣的靈魂，才能真正讓妳凌駕在年齡之上。

你不是這場婚姻的受害者

我聽過很多想離婚卻沒有離的人都有各種漂亮的理由，對我來說更像是掩蓋自己不敢改變現狀的藉口，我母親阿玉就是其中一位。她與我爸昌ㄟ的婚姻就是言語和心靈霸凌的最佳教材，他們倆不止一次吵著離婚，但每一次都有各種理由去延遲離婚的決定，長期受到精神壓迫的阿玉，每每在不如意，或是莫名其妙又受昌ㄟ的氣時，阿玉總會脫口而出說：「這一切還不都是為了你們這些孩子，都是你們害的！」當時還未長大的我，不能理解為什麼都是因為我。你們的感情不好，不願意分開是因為我嗎？真的是我的錯嗎？要是我不在這世界上，是否媽媽就不會受苦，可以不用因為我而委屈了？阿玉從我小講到我長大，長大後的我告訴她，妳可以不用再因為我，我根本不在意妳跟爸爸有沒有離婚，妳也不需要為了我委屈，因為我從來就不想要妳為我委屈，如果妳真的想離婚，我支持妳。當然阿玉沒有，後來我才懂，一個離開丈夫的女人生活是要重新開始的，要是本來就是家庭主婦更會讓人卻步。如果進入一場婚姻後，在兩相權宜下妳選擇當家庭主婦，那妳應該也要考慮一下當家庭主婦有可能面對的風險，畢竟家庭主婦代表著妳要仰賴著另外一個人，所有的決定都是自己下的，不能在得不到滿意的狀態時，自己就成了最無奈的人。

犧牲才是愛？

我從來都不會覺得職業婦女就是最棒，全職媽媽就不夠獨立，所以遇到這樣的事就是活該。婚後是否要工作不過是個人選擇與風險的高低，若在一段關係裡，真的無法再繼續，而離開對方是妳的選項時，那請身體動起來，著手一件件地去做，沒有工作就去找工作，想談下一場戀愛那就想盡辦法認識人。別人的支持確實會給妳很大的助力，但生活裡的大小抉擇，終究是在自己身上，若是因為孩子而犧牲自己的幸福，那也是變相地教育孩子，犧牲等同於愛，不犧牲就不是愛，或是愛不夠，我相信這絕對不是身為一個母親想要給孩子的榜樣。

爸媽的婚姻是否持續不等同於小孩的幸福，真正有關的，是大人們與小孩的關係是否健康。

閨蜜還是歸me？

這幾年閨蜜這詞突然變得好流行，社群網站也常常會有與閨蜜一起去哪旅行、與閨蜜必去的咖啡廳、與閨蜜一起的婚紗照，甚至還有那種整理出十個條列重點，哪幾點中了就絕對是閨蜜的文章。我自己本人其實沒有把任何一位朋友稱作閨蜜，如果閨蜜的標準一定要黏ＴＴ，那我就絕對沒有閨蜜，並且我也很害怕這樣的關係出現，這挺讓人窒息的，不過這世上真的好多人追求閨蜜這檔事。

嗨馬克太太，我有一位認識超過二十年以上的閨蜜，我們從小就認識，她的個性比較剛烈說話也比較直接，有時吵架時，她說的話真的是很難聽。多數的時間我都是讓著她，畢竟我們可是認識超過二十年以上的好朋友，因為她非常信任我，那些臭脾氣，也只有我與她的家人才會看得到。

我不確定是不是我們性格互補才能這麼要好。她是很內向的人，也正因為這樣，她對於社交是很害羞的，基本上是不太跟人社交。但我很愛熱鬧，也因此我有一大票的朋友，但每次我與其他朋友見面時，她總是不開心，覺得哪個朋友不好、哪個心機重、哪個是雙面人，這也讓我不舒服，因為那些友情也是從小學到出社會的友誼啊。

我現在已經有自己的家庭了，閨蜜是單身，家人也不在了，有時擔心她孤單，我會邀大家一起出去散散心，但她就是很容易口無遮攔地說話。譬如吃飯時我不喜歡浪費，基本上都會吃光，她就會說我是豬嗎？而且會重複很多次，就是這種類似的事很多，她會用她的視角來評斷事情，感覺很不在意別人的感受。

我自己也是有心理症狀的人，還沒有完全康復，有時恐慌症發作時，再加上她的言語，我快瘋了。

我們好的時候是真的很好，閨蜜其實不是壞人，就是脾氣差一點。我也跟她聊過，可是聊到最後就又是吵架，什麼都可以吵。太太妳覺得我應該要怎麼辦？

好像這個友誼無法持續了，但對方卻總說是我想太多，我真的想太多嗎？

很多時候是腦補不是互補

當我收到這封來信時，我的第一個反應就是：看吧！這就是為什麼我不喜歡閨蜜的原因。我總覺得，人與人最好的關係就是要保持點距離，人類真的是很奇妙的動物，野外的群居動物只會對外發火，或是攻擊與自己非同類的物種，而與自己相信的家人、同類，關係是非常緊密、彼此保護的。而身為人類的我們卻完全相反，在外人面前會特別客氣，更別說會把自己的情緒加諸在那些不熟的人身上，反倒是越親密的家人，越容易成為受氣包，被迫接受對方滿滿的情緒。

記得學生時代有個陽光男友，他是那種風雲人物，在學校就是學弟妹們的榜樣，師長們提起他，好像手指頭只剩大拇指一樣，都會給讚。還在曖昧時期我也覺得對方真的好完美啊，但交往一段時間後，我看過他好幾次的暴怒。有時在外人面前說說笑笑，人後卻突然生氣，到最後我都搞不清楚他在外人面前的笑容到底是發自內心，還是笑容背後藏著刀。有次我實在受不了，便哭哭啼啼吼著說為什麼你只對我生氣，對方說因為妳是我的女朋友，這句話其實代表著因為我們關係夠親密，所以我才敢在妳面前展現這一面。因為夠親密，夠了解我，他肯定是篤定我不會因為這樣就離開。最常看到這樣的狀況的就是家人，與超級要好的朋友，都很容易有這樣的情形發生。

專屬女人謎一樣的友誼

女人的友誼真的特別奇妙，我們就談友誼，不談利益。如果妳是女生，妳一定明白那種學生時代跟妳要好的同學朋友，下課時若去上廁所或去合作社買零食沒約妳，而是跟其他人走在一塊時，內心不禁會有小劇場，猜測自己是做錯了什麼嗎？怎麼這一刻沒被邀約呢？又或是吃起朋友的醋，覺得自己要好的朋友怎麼就跑去跟別人好了，無論如何心裡的情緒翻滾得很。這種專屬於女生的友誼，只有身為女生才會明白，若妳說給男性聽，他們只會覺得不能大家一起好嗎？當然不行，因為女人的友誼彷彿跟談戀愛一樣，是有占有欲的。不過，隨著年紀增長，一個成熟的大人會開始學著給大家空間，這件事學不會，除了會讓自己陷入沒安全感的黑洞之外，也會讓對方快喘不過氣來。越是這樣個性的人，也越容易只想到自己，而這樣的人其實是很難與她溝通的。

因為是朋友所以可以予取予求？

曾經我有一位交情還不錯的朋友，雖然我不會稱對方為閨蜜，但是願意為對方兩肋插刀，也算是有一定的交情，這位朋友就簡稱她為A好了。A常常會邀約我吃飯或是見面，不過也常常讓我一等就是好幾個鐘頭，有時等到想離開了，又怕對方撲了個空，因此即使我真的要離開了還是會撥通電話給A，但A總是要我再等等，曾經我最久等過三個多小時。還有一次約要去遊樂園玩，最後一刻人卻沒有出現，電話也打不通，直到隔一天才出現。由於A的壞習慣，最後我盡量不單獨跟她約出去，正確來說是，大夥出去時我也不會把A算進去。除了A這個壞習慣外，其他我覺得都好，她是個善良的人，我總覺得好朋友就是要互相包容，不可以逼迫對方改變，這也是為何我們的友誼可以一直持續。

後來因緣際會下，我們在澳門的同一個部門工作。當時的我們都是上夜班，下班都是清晨，而澳門與珠海很近，過個海關就到了，很多人若隔天放假，便會在清晨下班時就衝去過海關，按個摩睡一覺，醒來就在珠海逛逛再回來。有一回，A在清晨下班後邀我去珠海按摩，但是隔天在沒有放假的狀態下，那是非常累人的。尤其我們在酒吧工作也是體力活，忙起來可是團團轉，手也得頂著滿滿酒杯酒瓶的托盤，加上偶爾還需要公關一下喝個幾杯酒，在睡不飽的狀況下，那幾個小時簡直是折磨，感覺就像是該上床的時間，慎刑司的嬤嬤拿著夾眼皮的東西夾著你，不准你睡的酷刑。想到這我馬上拒絕A，我太了解A，以她的個性絕對不可能按摩完就回來，但是A再次拜託，並保證結束按摩我們在珠海睡醒就馬上回澳門準備上班，我才答應。不過A就是A，我忘記她的任性了。在我們結束後，走到海關口前，A突然說她想要逛逛，要我陪她。可能是睡眠不足，也很可能是感冒了，我全身不舒服，喉嚨如火燒，頭痛得跟孫悟空被唐僧的緊箍咒折磨著一樣，實在痛苦得很。加上這與一開始我答應A的條件不一樣，我以身體不舒服的理由拒絕A，但是A卻對我發了脾氣，大庭廣眾之下惱怒地大聲對我吼說：逛一下又不會怎樣，最後我丟下「我要回去了」這句話就往海關的方向走去。

晚上在公司更衣室遇見彼此，還在生氣的我並沒有多說一句話，A跑來跟我撒嬌道歉，我問她，妳為什麼要這樣子？我的好閨蜜說，因為妳是我很好的朋友，我才會這樣要求。或許A是要表達真的很在意我，才會在我面前做真實的自己，但對於我而言，我覺得很委屈。越要好的關係反而越要包容對方的任性與要求，想到這我就苦笑著說那我們別當朋友了。

朋友不一定是越老越好，而是適合你的才好

有時學生時代的友誼，不代表長大後還適合彼此。畢竟我們每個人都在往前進，每個人的思想、感受、生活環境都隨著時間有所變化，若友誼相處起來需要這麼用力，不過也是在消耗你的能量而已。即使現在沒有分道揚鑣，總有一天也會分開的。

我與A在那天的對話之後，依舊是朋友，但她的個性依然這樣，與其說我變了，不如說是我不想再讓自己受到一絲絲的委屈。我們在回國之後因為距離也沒有聯繫，漸行漸遠了。幾年前A有私訊我，但我並不打算再回頭，即使現在的她或許更善解人意了，但我現在的生活與A根本是兩條平行線，又何必強

求呢？

無論在哪種關係裡，只要用力過度都會擦槍走火。

快樂是找來的，不是別人給妳的；
浪漫是搞來的，不能等男人給妳；
而幸福更不是妳願意等，它就會願意來。

Part 2

馬克太太的戀愛診療

倖存者

馬克太太妳好，不知道妳有沒有遇過被男友傷害背叛，自己還是最後一個知道消息的經驗？我以為事情會過去，但我依舊很痛，而對方已經要幸福地走進婚姻了，我真的不知道該怎麼去祝福對方。

前男友是我的初戀男友，我們交往了六年。男友在消防局工作，是大家俗稱的救火英雄，這種工作常常都是突發性地說開始忙就開始忙，平常也要值班待命，畢竟沒人知道哪裡會有意外發生。我自認為不是個很黏人的女友，不會有查勤或是咄咄逼人的嘴臉，但總覺得在戀情最後一年，他對我越來越不上心，常常要跟他聊天溝通，他總會不耐煩地隨便說幾句敷衍我，而我也不想當瘋狂女友，明知道對方累，還要一直拿同一個問題煩對方。

分手時他說自己不想要結婚，他早已習慣一個人，聽到這些我非常自責，覺得自己曾經為了實現自我，而有近一年的時間在海外進修。我想大概是因為我沒有盡到女友責任，沒有陪伴他，最後他才跟我分手，為此我很自責，覺得是自己的問題，這段感情才會失敗。因為與前任分開時算和平，我們也還保持著朋友關係，偶爾會出來吃飯聊聊，但並沒有復合，這種事我也不想強求，所以也只能這樣。

我沒有想到的是，最近我才得知前男友要結婚了，並且封鎖我，但我還是發現他的混帳行徑。原來在與我交往的同時，他跟那個即將要結婚的女生也有交往，我細想後才明白，原來他當初說無法常常聯繫，不能在社群媒體打卡，根本是為了可以不著痕跡地腳踏兩條船，我去進修時他其實都在跟另一個女生約會。

同樣身為女性，我一想到那女生竟然要嫁給這樣的噁爛男，我就覺得想吐，心裡也一直想著是否要讓那女生知道她嫁的男人有多爛，也想看看那男的被揭穿後的難堪。我曾經很努力地想著感情就是好聚好散，緣分到了就是到了，但沒想到我竟然在分手後才發現，原來我是被劈腿的。

他在我人生劃上一刀，難道我就只能默默承受著，而不能反擊、不能為自己發聲嗎？太太請妳告訴我，我到底該怎麼去面對這一切？

最後祝妳一切都好。

妳也是騙子只不過是騙自己

不知道怎麼去面對一切的人妳好，常聽到分手後的女生會把自己塑造得很傻，但很多時候根本不是自己傻，而是不想去思考面對另一個可能性。這封信的開頭就有提到男友對妳的不上心，這件事這麼千真萬確，妳自己的感受這樣真實，為什麼要說服自己當一個溫柔懂事的女友？可能男友真的騙妳了，但妳也是幫兇，妳幫著對方欺騙自己真實的感受。妳不打破沙鍋問到底，是因為分手從來都不是妳的選項，要不然明明相處有問題，怎麼沒有想辦法解決？當然相處是兩個人的事，實在無法究責單一方，只是他選擇要敷衍帶過，妳不一定要配合。不配合不代表就要當瘋婆子大吼大叫，妳也可以態度堅定地、冷靜地、真誠地告訴對方妳的感受，若是對方依舊如此，那是否也代表著其實兩個人真的不適合，而這樣可能會需要妳委屈的關係，妳絕對擁有離開的權利。只不過多數的女人不會把分開放在選項裡，但會在被分開後不停地說對方當初對妳有多不公平，而自己多憋屈。妳確實有憋屈的地方，不過不敢把分開的選項列出來，因而忽略自己的感受的人也是自己，這個憋屈有一部分的推手是自己的裝聾作啞。

被分手真的不是受害者

女性主義思想家西蒙・波娃[2]說過「女性不是生成的，而是形成的」，簡單來說就是這世界的很多規則是由男性制定的，而制定的既得利益者當然是男性。當然父權體制不是只有亞洲社會有，但我們被這體制影響非常大，即使到現在，看似女性平等，還是有很多地方因為從前的體制，而讓所有人理所當然地認為就是這樣，並且不自知。

身為女性應該要溫柔溫順、以另一半為重，這才是女人的美德，這觀念深深地影響好多人，即便嘴裡嚷嚷著這也太不公平，但多數女性還是都會以另

2. 法國社會理論家。她的思想與學說等，對女權主義理論具有重大影響。

一半為優先。否則怎麼會對方給妳一個「都是妳想太多」，或是妳因為自己沒有陪伴而開始檢討自己，責備自己認為這段關係失敗的原因在於自己。同樣的事情只要角色一調換，女生就會被批判到無地自容。來個淺顯易懂的範例，男友去當兵，後來女友愛上其他人，所有矛頭都會指向女生，有的評論非常難聽，會說出那女人就是有太大需求，男人不在無法滿足她才會這樣；要是女生在異地工作，男人卻可以用女方都不在身邊，因此合理化偷吃甚至分手，一樣都是有不得不與對方暫時有距離地分開，但是性別不一樣，得到的評論卻也不一樣。

我想妳之所以這麼難過，大概是覺得自己是這段關係的摧毀者，最後才發現原來被劈腿。也或許妳曾有輸了的念頭，為何同時交往，最後他卻選擇另一個女生而不是妳，更讓妳沒自信，這樣的感受都是正常的。雖然社會老早就提倡男女平等，但父權制度還是藏在很多細節裡，我們也在這魔鬼般的細節裡長大，妳得要不斷告訴自己妳也有選擇的權利，妳的價值不等同於一段感情的成功與否。

真要說，我得恭喜妳，還好不是妳進入這婚姻，像這種個性完全不考慮他人感受，甚至沒有道德感的對象，誰都難保他是否婚後還會再做類似的事。但能保證的是，未來就算他再次這樣，至少不是由妳來面對。

她也許在裝睡

我在澳門工作時認識了一位羅馬尼亞籍的男友C，因為明白澳門這紙醉金迷的世界裡，很多人有老婆但還可以有女友，有女友還可以有另一個女友，並且不是只有男性，女性也會這樣。當然不是所有澳門人都認同這種觀念，但我耳聞過也親眼看過，因此在交往前以及交往期間，我謹慎再三地跟當時男友確認「你是真的單身吧」，想不到幾個月後，從我的同事那裡，得知自己男友其實是有女朋友的。一開始聽說時還以為同事消息不靈通，不知道C早跟前女友分手了，誰知道一問，才發現消息不靈通的人是我，但是C不覺得他有說謊，因為他跟我交往時，他確實算是單身，因為女友回俄羅斯了。

來！鄉親啊，你們評評理，這句話邏輯對嗎？我聽完氣炸了，不過我也跟多數女性一樣，把選擇權交出去，要讓對方做個選擇，其實壓根是自己不想放手。前男友C也不是笨蛋，知道我就是不想分開，於是，他不停地說他真的很愛我，只是與那個女友已像家人般，而且有共同帳戶實在無法說離開就離開。我愚蠢、我卑微、我先掌嘴，明明這麼卑劣的理由，我卻逼自己相信。不過接下來的日子，耳聞他們過得好開心，我真的氣瘋了，覺得這男人太壞，他女友也太可憐了吧，決定要讓那女生知道實情。

OK！我承認，當下也希望他們大吵一架能分手哈哈，於是我開始我的拯

（報）救（仇）對方女友（前男友）行動。我先是透過層層關係找到C女友的聯繫方式，接著朋友傳訊給她，當然還附上我與C的親密合照，我與朋友就這樣演了一齣拙劣戲。接著我滿心歡喜地等待著，我等著要看C面子掛不住，等著看他們爭吵，等著看那女生甩掉他，更期待看C兩邊都吃不著的糗樣。但你猜怎麼著的？他們每一天都是風和日麗，而我的每一刻都是風雨交加，在公司遇到C，他如往常一樣，偶爾也會發個訊息來聊天，一天天過去，我才意識到原來有些女人不是不知道，只是裝作不知道而已。最後我便正式與他斷了聯繫，避開會與他相遇的時間進公司，雖然不同部門，不過偶爾還是耳聞C又交了新女友，當然1號女友永遠存在。

分享這段真實故事，其實只不過想要讓妳知道，只要分手了，無論理由如何就是分開了，當下說出的理由有很多時候根本不是真正的原因，有時候真正的原因就是「不愛了」這麼的殘酷。妳的來信寫到想讓對方未婚妻知道她即將要嫁的人是如此地渣，但可能妳從來沒有想過，或許未婚妻也跟C的女友一樣，一直都是知道他有其他女友的。而只要是人，都會選擇一個對自己有最大利益的對象，好比我的前男友C，他慣性偷吃，但是1號女友永遠不會有反應，也不離開、不逼他做選擇。我們不能確定1號女友的真正想法是什麼，但可以確定的是，C是這場愛情遊戲裡受益最大的人。

也或許妳真的認真希望前男友的未婚妻可以知道，她即將要嫁的人城府如此深，但妳希望他們婚事告吹導致前男友得不到幸福也絕對是事實。再說都要結婚了，世界上有幾個人會因為一個陌生女子，還是頂著前女友身分的陌生女子講幾句話就會退婚？如果愛不盲目，妳當初也不會完全沒發現另一個女生的存在。

看到這裡，妳大概會覺得，那就真的只能悶不吭聲嗎？當然不是，妳要過得非常精采，既然之前沒有封鎖他，那現在也不需要，要是有共同的朋友那更好，要偶爾釋放出妳有多少人追，現在生活多美好。當然這不是演的，妳得要認真過生活，第一件事就先從好好打扮開始，好好地吃飯睡覺，身體健康，找尋自己熱愛的活動，好好地享受自己擁有的一切。

情緒是失去理智的鑰匙

當下的不服氣會使人做出錯誤並且後悔懊惱的事，妳要讓對方不愉快、不舒爽，最棒的方式就是過得比他舒爽。這聽起來很八股，但人性是這樣的，無論是否和平分手，看到對方過得比自己差一些，總是會有點欣慰，而且不用太差，就算只是差我一點這樣就足以讓人欣慰。很多時候沒有說出口的話以及沒有做出來的事，妳會在多年後感謝自己當初沒有這樣做，相反的，有些為了出一口氣做出來的事，都會讓人後悔好多年，尤其是情緒高漲時更不適合做出任何舉動。

人生會有很多插曲，端看妳用什麼角度去看，妳覺得妳是這件事的被害者嗎？我倒覺得妳是倖存者，被害者是那個女的。雖然不確定她是否自願當被害者，但總歸這是她的選擇，她只能祈禱這男的婚後不會用同樣的方式在外面騙女生。

前男友們，祝福你們過得好，但我絕對會比你們更好。

又不是劉若英，唱什麼〈成全〉？

嗨太太，我近期與一個男生非常曖昧，就像一般的情侶一樣會互相稱呼彼此寶貝，見面時會手牽著手、會擁抱，不過我們曖昧也一大段時間了，但也僅僅是曖昧。其實我也沒有說要成為男女朋友，因為上一段感情結束到現在也不是距離太久，自己也不確定是否已經準備好要進入下一段感情，而對方也跟我有一樣的狀況，剛與英國遠距離的女友分開。不過他的前女友從英國回來台灣時，我們有一起見過面，可是我總覺得前女友好像很不喜歡我，甚至對我有敵意，好像希望跟前男友舊情復燃。

當然這個男生目前還沒有跟前女友復合，只不過他這幾天跟我提到，目前還沒準備好要談下一段戀情，男生的立場是希望我別對他太好，怕最後不是我所期望的，會害我受到傷害。

請問太太，接下來我該怎麼面對這個男生啊？

別用灑脫掩飾不安

嗨不知道怎麼面對男生的人妳好，收到這封來信時，我想起年輕時的自己，明明有所謂，卻硬要高唱5566的〈無所謂〉（這是時代的眼淚，不懂的去查查）。我發現很多人在感情裡很愛裝沒事，不知道是不是怕說出自己在乎就覺得輸了，還是因為傳統的價值觀，譬如女生主動追愛，男人就不珍惜，或是女生不要主動，主動的那方就失去主導權之類的奇怪觀點文章。總之，在我成長過程中，包含我自己都曾經是愛唱〈無所謂〉的人。

這信的前文與後文根本就是日本節目《矛盾大對決》啊，與一個男生非常曖昧，卻沒有要求要當男女朋友，最後得知男生不想要進入感情時卻又慌了手腳。以這位女孩的敘述來說，不是應該要皆大歡喜，一個沒有要成為男女朋友，一個剛好不想要談感情，不覺得絕配嗎？

為什麼妳會不知所措，最大的原因就是自己其實很希望能再進一步發展關係，但感情是兩個人的決定，在得知對方的想法後，只好跟自己說，其實我也不在意。

戀愛的重點要劃對

很多人談戀愛都會劃錯重點，對方的前女友有沒有回台不是妳該在意的問題，這件事的重點應該是先面對「自己真實的感受」。會因為得知對方不想進入感情就不知道該怎麼面對他，很明顯的，妳是希望能與對方往前進入穩定的關係裡，而且要有稱謂，可以公開地告訴朋友，妳有男朋友了，否則怎麼會願意讓對方牽牽小手叫寶貝呢？

若已明確知道自己渴望的是什麼，就得明白地讓對方知道。每個人都不想要當壞人，尤其是男人，他們深怕會被冠上渣男的帽子，所以才會邊跟女人約會，邊牽著女人的手，嘴裡喊著寶貝，偶爾還會邀請對方看一下他的褲襠裡的另一個寶貝，但轉身又跟妳說他不想要傷害妳，但自己又無法給出妳想要的，這招真的是十個女人幾乎十個都會中招。

我不壞我只是給不起妳要的愛

以過去聽到的例子，與自己的親身經歷來說，通常只要使出這招的男人，多半都是暫時不想要負責任，所謂的負責任是指當男友的責任，未來彼此能不能走下去，責任就是男女朋友一人一半。可怕就可怕在這些男人不是真的壞，不是為了渣而渣，更多時候只不過是他們目前也搞不清楚自己要什麼。唯一清楚的是，他們不想進到一段穩定的男女朋友關係裡，因此男人們讓對方知道，我不想談戀愛。男人們列出自己的遊戲規則，而多數的女人會認為這不過是暫時的，未來如果男人們想的話，轉過身，就會發現痴情女子如我，我一直都在。

偏偏這不是浪漫偶像劇，通常轉過身時，他們都會略過原本陪伴在身邊的人。我當然知道，不能一竿子打翻一條船，也是有等待成功的例子，不過機率並不高。所以當對方說出這樣的話，妳也一樣持續用相同的模式，抱抱牽手房裡擒猛獸時，某方面來說妳也接受了這份曖昧，而在未來的某一天他嘴裡的女友不是妳時，實在是怪不了他。因為沒有妳的允諾，這份關係又怎麼會持續至今？

妳不是聖母瑪利亞

其實無論男人們為了什麼原因而不願意進入一段感情，都不是我們身為女人應該著重的問題，一個成年的男性，要能夠自己去處理問題，無論是沒安全感、前女友給的傷害、家裡的問題……等等（這邊請大家自己無限延伸），這些都不應該是由約會對象來解決。尤其是安全感這事兒，這種抽象的東西，妳到底要怎麼給才夠？一個真正心理受到傷害的人，就算是照三餐報備行程，也會因為妳錯過一通電話，慢了回覆訊息，而對妳產生不信任，這樣不過就是變相地控制妳而已。

妳更不要覺得，如果他不喜歡我，為什麼會關心我？如果只是為了我的身體，應該不會照顧我吧？這就是腦補。拜託妳都心靈上支持他，肉體上滿足他，他老母都不一定對他這麼好，照顧與關心妳剛剛好而已，算他還有一點良心，況且妳怎麼知道這不是另一個緊緊把妳套牢的招數。誒！不要覺得我邪惡，是陷在愛情泥沼的妳們看不清。

不要恣意揮霍自己的情感給沒有打算要給妳未來的人，不要讓自己把自己對愛的勇氣消耗殆盡，若相處後妳認為這男的就是妳要的，那一定要明確讓對方知道只要他再往前一步，妳就會答應他。列出妳的遊戲規則，妳就是希望能再進一步成為情侶。當然！那種跟前女友關係還沒有完全理清楚的，就請留校察看，先等他們的歹戲拖棚劇終。

不過到底要怎麼做，決定權不在我手上，只是若以比較粗暴的說法來說，人類只要喜歡上一個人，絕對是恨不得趕快進入穩定的伴侶關係，而不是讓妳還能開放關係與其他人約會。話說到這，聰明的妳，一定知道該怎麼做了，對吧？

面對自己真正的情緒，絕對比刻意營造灑脫更有魅力。

女人談戀愛最不老實

太太妳好，雖然妳的年紀比我小，但總覺得妳的經歷豐富，因此想跟妳聊聊。我是一個四十歲的大齡未婚女子，而男友大我十歲，男友有過一段婚姻，也有孩子，孩子給前妻照顧，偶爾會把小孩接過來。我們當初要在一起時，男友就有聊到沒打算再婚，也沒有想要再有孩子；我覺得沒問題，兩個人在一起又不是一定要那張結婚證書。但不知道為何總覺得我們的感情很不穩定，而且在一起的事情並沒有公開，正確來說是男友不想讓媽媽知道，說媽媽很煩會問好多，因此暫時不必要讓她知道。對於這件事我其實不能理解，兩個人的感情關媽媽什麼事？但也不想多問，也不知道他過去是有受過什麼傷痛，很容易會因為小事暴怒，有時聽到我開玩笑他都會耿耿於懷，覺得我是不是故意要對他這樣，是不是在嫌棄他才跟他發牢騷。

男友平時很忙，若是我不主動找他，他也不會聯繫我，不講電話不見面他好像也沒差。我其實也不是很黏男友的人，只不過我覺得平日不能見面，假日見個面又或是用通訊軟體聊聊今天的事應該是很正常的，雖然男友不會找不到人，但他會丟下一句「我要忙了」就不會理我了，這點讓我覺得他好像不是很在意我。

老實說雖然我已是熟女的年紀，但我還是對於婚姻有所期待，也會想要有小孩，但理智面是可有可無。大齡女子的時間如同金錢一樣可貴，因此我有想過要不就分開，但對方又會跑來跟我聯繫，這讓我很矛盾，感覺他是在意我、愛我的，不然愛面子的他又何必拉下臉來跟我搭話。可是剩下的那些日子，我又覺得自己沒有被愛，有時不免會想，是不是所有年紀比較大的男人都會這樣，還是我不夠成熟，才像小女生一樣急著討愛，又或是他根本只想遊戲人間？之前有看過太太分享在網路的文章，先生也大妳十來歲，很希望能從妳那得到些解答，不知道太太讀完信之後，是否可以給我一點意見參考一下？

年紀對女人來說是必須面對的問題

在現今社會，若要「政治正確」，絕對得說「年紀不是問題」，尤其是面對女性，更該這樣講，不然一個不小心就會被炎上，攻擊到爆，所以這一刻我就是要先給大家打預防針（雙手互搓乾笑狀）。接下來要說的話，雖然政治很不正確，但是絕對是事實。

「年紀不是問題」這句話，我肯定是舉雙手雙腳贊同，無論要做什麼事，只要有行動力，哪會來不及。但是若妳想要懷孕，那麼年紀就會是一個要考量的問題，畢竟身為女性的我們都知道，我們的卵子會隨著年紀而漸漸減少，胎兒的異常機率也跟卵子的品質有關。網路有各種研究文章顯示，女性的身體在二十歲時是巔峰狀態，二十五歲之後代謝開始下降，隨著年齡增長，懷孕的風險也就漸漸增加。當然這樣說不是要妳二十歲時就生孩子，而是我們得要理解這個只有女性特有的生理結構，並且坦然面對，才能盡量避免錯誤的決定。而妳的這封來信，內容充滿了各種矛盾，或許妳自己都沒發現信裡互相牴觸的矛盾。

四十歲是個很成熟、有女人味，手上還有些許存款的年紀，但對於想懷孕的人來說，確實是有風險的年齡。當然我不認同年輕才是懷孕對的年紀，而是適合自己的年紀才是對的，畢竟生孩子可不是只有那孕期十個月，往後的教育費、養育費，以及個人生活型態都會改變，若沒有達到平衡，厭世的墳墓生活就離妳不遠了。

四十歲的人以生理構造來說，若要懷孕，母體確實是風險較高的，而這風險沒人可以幫妳承擔，而且風險會隨著年齡增長而增加。對方條件講得挺清楚的，不想再婚也不想要再迎接新生兒，而妳希望結婚生孩子，光這件事就與妳追求的完全對立，因此對於第三方的我來看，妳似乎比較像是為了符合對方的交友條件才說也可以當不婚主義者，但真實答案是如何只能問自己了。

年紀若跟個性成「正比」就不會有老番癲

很多人對年紀稍長的男性都有莫名的粉紅泡泡，認為大叔會有一定的社經地位，確實我認識的大叔級朋友，真的都特別體貼，懂很多人情世故，為什麼？因為他們也是從小毛頭一路跌跌撞撞，從挫折中學習，從分手裡升級，人生的各方面閱歷增加，變成老毛頭（？），自然很容易了解女孩子要的是什麼，哄起女生容易如魚得水啊。加上多數有年紀的男人經濟能力也會好一些，因為大叔年輕時有努力過，以上我說的這些對身為大叔的男人真的只是一塊小蛋糕而已。但相對的，大叔也可以是漂泊的浪子，因為理解有些女人把他們不費吹灰之力的小蛋糕，視為是不可多得的特別待遇，更可以理所當然地東挑西選，三兩下就搞定一個，尤其是禮物和銀彈攻勢更是有用。

不過我也有認識就只是長年齡的大叔，脾氣依舊跟年輕一樣暴躁，比方說我爸爸昌ㄟ，他的不可理喻是無人能比的，目前我還沒遇過比他更誇張的人，而且他也沒有好的經濟能力，再過幾年他絕對可以非常完美地駕馭好「老番癲」這詞。因此個性、脾氣跟年紀大小沒有絕對關聯，是跟自己的修養有關，所以談戀愛當然與年紀無關，有很屁的自以為是大叔，當然也會有思想成熟的小鮮肉啊。

又關他媽啥事

其實我覺得妳是有在思考的女人，否則可不會在男友說出不想讓媽媽知道時，認為關他媽媽什麼事。的確真的是關他媽啥事？除非今天對方是個未成年人，家長有監護責任，必須照護孩子，確保他不會犯法，不然一個成年的大叔做任何決定難道不能自己負責，還得要媽媽協助、經過媽媽同意？又抑或他是傳說中的媽寶？要不然就只是他個人的藉口。雖然說談戀愛不需要高調，但是很多時候那種不敢讓大家知道的，不是有另一個女友，就是打算玩一場遊戲，尤其是對方也不是什麼大明星，更不是同公司，到底要有多低調？再說大叔有前妻，誰都不曉得他與前妻到底狀態如何，畢竟妳也只能單方面聽男友說。

妳不是聖母也不是心理醫生

關於戀愛，我這輩子最討厭的，莫過於對方說出他被前女友或是過去的不好經驗傷害很深，因此他無法給我承諾，因此他無法相信人，因此他才會很沒安全感，還有很多因此，麻煩自己無限延伸。

對我來說，對方過去不好的經驗幹嘛套用在我身上，自己的情緒管理不好少在那邊賴給前任，說不定前任也是因為同個原因把這個人甩掉。再說，若真的有心理問題應該要按正常管道去找心理醫生，好好諮商撫平那個傷痛，而不是無限上綱地加在身邊的人身上，尤其是越親的人就得承擔越多。我倒也不是無情到完全不想理解，但是理解一個人受過傷願意陪伴對方慢慢復原，跟承受對方的怨與氣完全是兩碼子事，自己都不敢面對過去的傷痛，我這單薄手無縛雞之力的弱女子（但可以舉啞鈴？），又怎麼可能可以解救他。

可是太多女孩都有聖母病，只要聽到男生有傷痛，或是意識到對方似乎有過不去的檻，就覺得自己一定要留在身旁，認為自己一定可以讓他痊癒。但如果對方不積極去面對那些問題，誰都幫不了他，最後不是他更瘋，就是大家一起瘋。這邊我認真地勸導所有善男信女，真的不要有聖母病，也不要想當心理醫生，要是心理醫生這麼好當，我就第一個開業，用嘴巴賺錢，哪還需要在這邊電腦打字寫書哈。

重點劃錯了

我想戀愛是這樣的，無論年紀多小還是多大，肯定是甜甜蜜蜜，總是想要見對方這是不變的道理。無論國籍與性別，所有人心儀一個人都是想到對方就甜滋滋，思念會黏得像麥芽糖，當然不是說日日夜夜要黏在一起，但一定是雙向的，而不是單一的只有一方追著一方，渴望得到對方的關心，另一方永遠是等著人家付出與接受。世界上有很多這種單方面付出的，當事人不累，周遭的人看得都心累，譬如我媽媽阿玉，面對我爸這種敏感自卑又自大，並且完全無病識感的丈夫，永遠要小心說話，有時簡單的一句話，我爸就會解讀成媽媽看不起他；去村裡的雜貨店，他走進去時剛好大家話題停止，他就覺得那些人一定在談論他、嘲笑他。這些年來他們吵吵鬧鬧，我母親幾次提了離婚，我父親不要，甚至還有下跪求過母親，那妳說我爸愛不愛我媽？肯定很愛也很依賴，但是長時間下來多沉重啊？原本樂觀的母親也一度得了憂鬱症，以上這些分享是我父母的個案，不代表妳與男友也會這樣，但是妳來信問的問題完全不是重點，妳現在要思考的問題不是他愛不愛妳，而是妳誠實面對自己的心，妳想要的是什麼？想要孩子？想要婚姻？想要只是一個伴侶在身邊就好？又或者是想要健康的交往關係，未來不用戰戰兢兢，不用一直單方面無上限包容，不用擔心一個簡單的玩笑就傷到對方。除了以上這些都要考慮進去，也要看對未來的認知有沒有一致，沒有共同目標頂多就是一時的激情，絕對不可能細水長流。

不適合的對象只能快狠準地切掉，否則只是歹戲拖棚。

分手就是分手，管他什麼理直氣壯的理由

太太妳好，混亂的我實在沒地方可以說話，因為是異國戀，身邊的人也沒人看好，因此寫了這封信給妳。

男友大我十來歲，我們是在德國一起上語言學校認識的。緣分真的很捉弄人，兩個人真的交往時是在他離開德國的前一天，他的語言學校結束，那時我想著這樣的曖昧就留在這刻，我不過是個學生，也沒辦法到他的國家見他。但他很認真誠懇地告訴我，希望能跟我在一起，他會努力找一份歐洲的工作回來與我相聚，我也相信著，畢竟他沒有簽證問題，學經歷也算優秀，經濟方面

也不是很大的問題，我認為我們應該可以熬過短暫的遠距離。

遠距離開始的第一個月一切都很好，就算沒有時時刻刻回覆彼此訊息，還是可以感受到愛情甜滋滋的感覺，一個月之後也不知道是不是我多想，開始感受不到對方的熱情，訊息回覆的頻率似乎也下降。我討厭遠距的猜忌，也與男友聊過，得到的回覆都是他認為一切沒有改變，只不過是回國生活比較平淡，沒有什麼特別的事可以分享。

我沒想到的是，再過一段時間後，他跟我說以他的經驗遠距離根本不會成功，也不想耽誤我。他情緒沒有起伏，冷靜地說機票太貴，不知道何時才可以再見到我，他認為我們彼此是沒有未來的。

聽到這些話我非常難過也非常生氣，覺得他為何要預設立場。我也不是他過去的女友，當初他怎麼可以自私說要在一起，現在又自私地要離開，對於我的任何問題，他就是淡淡地說，他不過是很實際地考慮彼此，不是不愛我，就是現實問題解決不了根本走不下去。要是一開始他只是隨便跟我上床玩一場遊戲，我還可以給他個渣男封號，但因為我們真的是認真談戀愛，沒有在曖昧時期上床，認認真真地談未來，所以很痛苦。

我沒辦法接受的是會被分手得這麼不明白，我對他的愛並沒有因為距離而變淡，而他明明好像不愛我，卻還是說愛我。只不過是因為遠距離，有時我在想，他要是直接告訴我「我不愛妳了」，是否我就會比較灑脫地放下。

他甚至沒有跟我討論過他對這一切的想法，或是他認為會遇到的問題，直接替我們做了分手這個決定。

我想破頭還是想不出，我們彼此到底哪裡出了問題，是因為我們的家庭背景太懸殊，跟我在一起，他們家人會不接受？還是單純就只是某天睡醒突然發現不愛了？我們明明交往這麼短，連熱戀期都還沒過，他怎麼就變這樣？

愛情可以戰勝一切但戰不過粗俗的金錢

我永遠記得我閱讀這封信時是英國的清晨，本來有滿滿的睡意，看完後所有過去的回憶湧入我的大腦，眼前也模糊了，好像看到了從前的我。

二〇一四年，我在台北討生活，當時生活實在太拮据，連放假都不敢選要花錢的地方，即使是捷運費我都想省，從上班地點走回家是常態，最長走過圓山到台北車站。某一天我一如往常，休假日的晚上到中正紀念堂走走，畢竟那裡大又有椅子，還有很多人在那裡運動或跑步，每當站在那裡時，都會讓我的孤單感稍微降低一些。而也在那天，我在那遇見一個法國人，他本來是來跟我搭話問路的，後來不知怎麼的就直接選了一張長椅坐下。當時的我事業、友情、感情都不如意，突然遇到這個大我十歲以上的碧眼外國人，就像為我的生活帶來一些色彩，加上他長得也不差，說我沒有怦然心動是騙人的，直到現在我也不確定他是真的要問路，還是要跟我搭訕，總之那晚我們坐在中正紀念堂的椅子上聊到快天亮我才回家去。

法國男是一個空服員，他那天會在台灣就是因為剛好他工作的航班飛台灣，也就是說他來台灣常常都是一、兩個晚上，又會飛走，而且也不一定知道何時能再次飛台灣，畢竟班表不是他能決定的。雖然我覺得那個晚上很有趣，也不切實際，但我不可否認心裡曾偷偷地想過，啊～這邂逅也太浪漫，兩個人坐在長凳上，佇立在旁的溫暖黃色路燈低垂照在他的臉上，兩個藍藍的眼珠子在燈光下好像會發光，不自覺地腦補會不會就這樣談起異國戀。對！我就是這麼膚淺，我根本不認識他，但我就還是這樣想了。

接下來的每天我們靠著社群軟體聯繫彼此，為了再次見到我，他改了他的假期與機票，兩週後又跑來台灣。他在台灣的那幾天，我們相處得很開心，比起曖昧，情愫濃得跟蜜一樣甜稠，離開時他對我說，一個月後他要去峇里島度假，希望我也能去。不過當時我是月光族，連機票都買不起，他就只說妳來就好，剩下的都讓我來照顧妳。如果妳正在閱讀這篇，妳自己摸著咪咪下的良心誠實說，是不是真的超級浪漫的？最後的最後，我們度假結束回台灣後，我覺得他變了，不再像從前一樣，有經歷過的人一定懂，那是一種言語說不上來的感覺，就是可以從訊息對話中感受到不一樣，我想這應該是所有女人的天性，可以馬上察覺出不太對勁（驕傲狀）。

當然我在峇里島也有掉過眼淚，覺得一切好不切實際，會不會根本沒有未來，但現在我回頭看，那時真正想表達的是，我很擔憂，我希望男生可以給我一點鼓勵。法國男當然有給我滿滿的信心，但相對的他一定也在思考我所說的那些話，回台後我數著世界各國的時差，他飛來飛去，每次降落的國家都不一樣，只要手機發出聲音我便急著拿起來看是不是他，最後連睡覺也不安穩。

我太想念他，也請求過他，希望他能不能跟同事換班表，盡量飛台灣，我明白這很強人所難，但我沒能力負擔機票，只能暫時在原地等待，然後突然有一天，他就捎了訊息過來，內容簡單明瞭：「我們分手吧。」

收到時我晴天霹靂，但是我卻什麼也做不了，我沒有多餘的經濟能力，我連飛過去罵對方也無法，那刻我才徹底了解，什麼愛最大，什麼童話故事，都豪小的（台語：騙人）。

分手的病症就是痛苦

在現在網路發達的時代裡，有些人真的就是一封訊息就可以斬斷一段戀情，無論有多不願意，只要沒有網路，就像斷了線的風箏，不知道去向了。也因為所有事都不如我意，這法國男好像是拯救我無趣可悲人生的一塊浮木，現在浮木不見了，我真的無法接受，但是那時的我卻什麼都做不了，連三餐都要精打細算才能在台北這不夜城生活下去了，又如何買機票去找人算帳呢？

分手的日子實在痛苦，每天都像行屍走肉，靈魂都不知道去哪了，不是不吃不喝就是暴飲暴食。我一直不斷地想著，為什麼他不堅持一點，如果覺得遠距離行不通當初何必招惹我，明明是他開這個頭不是我誒，現在卻又單方面地把我丟在那。明明是他要我勇敢一點再往前，人生沒有出國過，第一次出國就是為了與他相聚，也因為這樣跟友人借了機票錢，還因為是第一次去機場，我緊張害怕到狂拉肚子。我認為我自己為了這段感情，真的是排除萬難，連他說要來台灣，我也跟公司對著幹只為了要請假。明明說了未來，為什麼不再堅持一點？只要是醒著時，我就是不停地反問自己。

也有一段時間我甚至為了忘掉痛苦，在各大酒吧找尋跟他一樣眼睛顏色、一樣髮色的男人，想像他還在這裡，但終究那不是他。太陽升起時，處女座有潔癖的我只覺得自己很髒，夜深人靜時，我又孤單到要瘋掉，我抽菸也酗酒，我像瘋子一樣坐在路邊大哭又大叫長達好幾個月。我時好時壞，我遊蕩二十四小時營業的誠品書店，我翻遍有關戀愛的書籍，我想找出答案，當然我沒有找到，就算有答案，那也是單方面的猜測，就如同現在的妳一樣，透過單方面猜測尋找答案。

沒有任何分手原因可以讓心碎的人好過一點

我的這段過去不知道閱讀的人是什麼感覺？覺得我可憐嗎？還是覺得我勵志？不！這都不是我所想表達的重點，而是希望你們知道，愛情可以發生在一瞬間，也能消失在一剎那，不需要執著於分開的理由，猛問為什麼，沒有為什麼，就是時間到了，對方不想繼續，沒有人錯，所以無法怪誰。

如同這封來信，無論是對方負擔不起機票、不想思考未來，又或是要腹黑地猜對方有了新的約會對象，無論任何理由，都不會讓心碎的妳好過點。再說身為學生的妳付不起機票，也不是妳的問題，即使再重來一次，一樣的問題還是存在。如果可以，每個人都會想要從過去失敗的經驗中逃脫，很顯然的信裡這位男子有過不去的檻，這只能靠他自己，如同往井底拋繩，底下的人不願意往上爬，妳怎麼樣也拉不起對方。就像當時我一直想為什麼法國男友不為我改班，他只一直說不容易，但卻沒有嘗試，但不能怪他，他也許有他的無能為力，一段感情本來就是要兩個人往同個目標看去，才能雙方一起努力往前走，尤其是遠距離，只要有一方不想要持續，那就是結束了，但這要兩個人都是自發性的，絕對不能逼迫彼此，這樣才是健康正常的關係。

假使不願面對分手的事實，一直想找尋答案，那麼就會一直走不出去，原地繞圈圈。因此得要告訴自己，對！已經結束了，知道了原因也改變不了結束的事實，只能破釜沉舟、沒有退路地往前走，我絕對不會說有緣就會再度相遇，因為失戀的人看到這句話就會抱著希望，迂迴著更走不出去，殊不知這句話的前提是要從此互不相干過好日子，彼此的生活狀態都是健康穩定下加上一點「天注定」才有可能實現。

後記

在我與法國男分手三年後，我遇見馬克先生AKA現任老公，那時我準備要買機票去英國見他。在買機票的同時，事隔三年的法國男突然訊息我，詢問想不想跟他去旅遊，聯繫我的原因是，在他生病住院期間想到的人都是我，才意識到最喜歡的人是我。是不是很灑狗血劇情？絕對媲美瓊瑤的愛情故事，卻真實地發生在我身上。若說看到訊息沒有猶豫，絕對是因為我高傲想保留尊嚴，我是真的動搖了，而我僅有的假期只能給他們其中一位，我對法國男多少還是有感覺，畢竟我與他相處比較久，我們有經歷過幸福甜美時刻，也帶著點遺憾地分開。而馬克先生只是初期認識曖昧的人，最後的最後，我選擇往前看，原因是，一個無法跟我一起成長的人，不值得我再回頭賭一次，但縱使這麼理智選擇，我還是哭得淅瀝嘩啦，你說人生是不是很戲劇化？

被分手肯定痛苦得要死，但是只要不死，好事就是會發生。我支持失戀的人可以擺爛幾天，不刷牙不洗澡不睡覺，你要不吃飯也可以，但記得要喝水，整天躺床上，爛到一種境界時你會發現，最終你要自己爬起來。邊哭邊爬也沒關係，重點就是不要停留在原地問為什麼，失魂落魄地去上課，心不在焉地吃飯，覺得世界發生的事都與你無關，你會以為你的人生從此停住是因為太痛苦了，但相信我，只要持續往前，就會慢慢好轉，甚至會更強大。

分手不執著「理由」絕對是療傷的第一步，而未來的某天對方若回頭了，你不見得會願意再瞧他一眼。

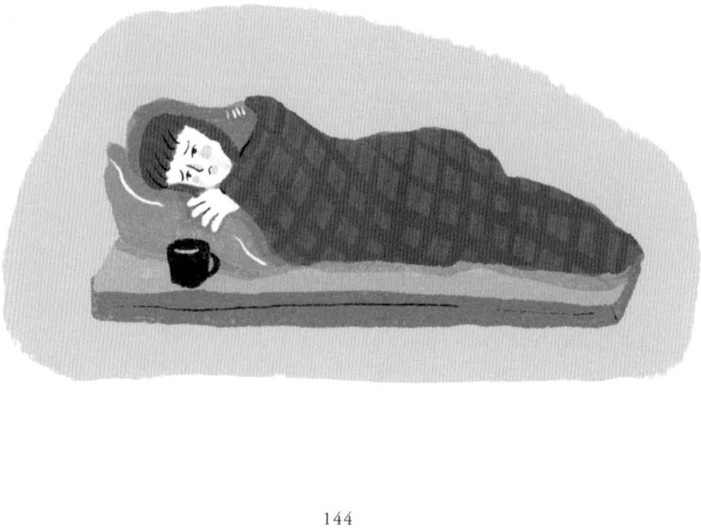

別讓恥辱感綁架你

「恥辱感」這詞對有些人來說很陌生，我自己成長時也是受困在裡頭的人，只要面對他人的評論，第一件事就是先產生自我懷疑，尤其是男性對女性的評論。我成長過程中曾被親戚用手侵犯，知道的人卻對我說：「這就是妳說話口無遮攔，穿衣打扮太暴露，否則為什麼他不侵犯別人而是妳？」這件事我一直告訴自己，應該不是我的錯，但內心還是不停地責備自己，直到看心理諮商時才理解到，原來有些事不是自己的問題，這不過就是利用羞恥感綁架女性而已。

之前我看過一篇文章，裡面有列出表格，表格裡寫著各種為男伴做的事，接著要女性自己去連連看，如果妳超過幾條線就是好女友，如果妳沒有超過那麼妳就……雖然沒有直白說出沒有超過就不是好對象，但是用點點點來讓人自由填空也非常狡猾。因此我常常跟我的讀者說，大家一定要思考，不要別人說這樣是對的，你就照單全收，也要留意一些平常看的文章與戲劇，那些長期餵養你的內容，看似沒有影響，但如果是沒有認真去思考剖析認識自己的人，就會照單全收，偏偏古老的男性至上體制還是偷偷藏在各種細節裡。

嗨馬克太太妳好，我與男友的感情其實非常好，也算穩定。交往前也打聽過，他這人跟我所認識的樣子有沒有出入，真的是所有認識他的同事與朋友都給予他高度的評價。我也覺得男友真的很善良，對所有人都很好，而且是無論男女都一樣好。

以前還沒交往時，觀察他與異性相處也是很懂得拿捏分寸不會越矩，不過最近開始覺得男友對於其他女性有過好的跡象，但我也不確定是不是我太小家子氣。男友與一位作風大膽、個性也直來直往風格灑脫的女生朋友走得比較近，那位女生講話大剌剌，就是會跟很多男生稱兄道弟那種，要開黃腔也絕對不輸男性，甚至也會開玩笑說要不要跟我回家睡覺。當然，她似乎不只對男友說過，據我所知，身旁的男性她都說過，我不能理解的是那位女生也有男友，難道她真的不知道界線在哪嗎？

每次我跟男友提到，男友總會說我想太多，那位女生本來就是那種個性，為了大氣，每一次我都算了，但心裡真的很不舒服。平常他們沒事還會互傳照片聊天，我實在覺得很不開心，我明明都跟男友明確說過，我不喜歡那女生，但為什麼男友還是要跟她走這麼近。即使男友會跟我說他們之間聊了什麼，但我總覺得不應該這樣。

有時那女生心情不好，也會傳簡訊給男友訴苦，每一次男友都跟我說這女生真的不只對他這樣，對所有人都一樣。

我實在很嘔，但有時又會覺得是自己太小氣嗎？怎麼可以干涉男友的人際關係，我又不敢反應太大，一個不小心我怕會被誤認為我很公主。

更讓我煩躁的是，那女生朋友跟他是同公司，雖然不同部門，但是我也不可能叫他們不講話，這樣我真的很像控制狂女友。不知道太太吃醋時，或是懷疑有其他女性對自己另一半的友誼不是那麼單純時，會怎麼做呢？

誰喜歡熱臉貼冷屁股

其實這樣的來信幾乎是每幾天就會有一封，從我還在當部落客開始，也是三不五時就會聽到周遭朋友的故事，連我自己也都經歷過。每一次苦主都會說自己的另一半沒有意思，有其他心眼的是對方，這可不是只限於男性，有的女性也會這樣，只要說我就是「大剌剌」的個性，就可以掩蓋掉自己在模糊地帶遊走的事實。

我會這樣說，可沒有要直接幫來信苦主的男友直接扣上他有壞心眼的大帽子，而是人總是互相的，隨便思考一下就能明白，到底有誰會對一個冷漠的人掏心掏肺，整天熱情奔放的人一定更受歡迎。因此請不要一面倒地只相信男友說的話，雖然不至於把對方當成嫌疑犯，但也不需要認為一切都是外面的小狐狸的錯。再說了，如果角色對換，身為女友的妳，可以比照辦理嗎？我想多數男性也無法接受自己女友跟其他異性過於親密，不是幾句話解釋就可以全身而退的。

避嫌是感情聖經的第一章節

在我們開始有性別意識後，本來就該保持距離，以免引起不必要的誤會。小時候玩遊戲小男生小女生抱來抱去，就是好玩天真無邪，長大後妳難道會無緣無故跟異性抱來抱去，然後聲稱只是在玩嗎？或許這樣的比喻過頭了，但確實有部分人，無論男性女性，明明在一段關係裡了卻還是不願意跟其他異性保持距離，也不是說不保持距離就一定會偷吃，但那是出軌的小種子之一。

人的情感其實很複雜，有時自己都會做出連自己也意想不到的事情，畢竟一個人會願意回覆異性一定是不討厭對方，或許一開始真的沒有其他意思，但聊著聊著，一個不小心，會因天時地利人和而產生別的意思，甚至直接腳就跨過去了。誒！別亂想，我是說越線，這樣的例子多到舉例不完。

當然我們無法去控制他人的行為，但我相信多數人肯定可以自己拿捏距離的，千萬不要以為一個男人真的會粗線條到不知道臨界點在哪，其實他們都知道，只差他們要不要而已。

你的感受比評論重要

我發現很多不避嫌的男女常常會遊走在出軌的邊界點，另一半反映時，基本的ＳＯＰ說法就是「這又沒什麼，妳也想太多了吧」，並且試圖營造得讓對方有恥辱感。這個恥辱感非常好用，也很有用，只要用得好，千錯萬錯都會是對方的錯了，尤其是被父權制度影響過的人最有用。我知道現在早就不是男性至上了，但我文章開頭也說了，魔鬼藏在細節裡，都會有好女友標準評分的文章了，其實還是有許多父權的影子藏在我們的周遭。雖然這文章的視角當然是男性，但如果你認為只有男性同意這文章就大錯特錯了，其實也有很多女性是同意的，而且還會因為自己做到越多項而沾沾自喜，因此整個社會還是會有身為女性應該如何如何的隱形框架。恥辱感的用法，就是利用多數聲音來讓自己產生自我懷疑，即使這件事妳是對的，也會因為害怕站在對立面而懷疑自己，並逼自己同意對方，責備自己。

但是既然人人都鼓吹要愛自己，並聆聽自己的聲音與感受，為何在這種節骨眼上，卻要壓抑自己的感受，擔心自己成為小家子氣的女友？

再打個比方，若有個男同事對女同事開了讓人不舒服的黃色笑話，明明女同事覺得不舒服，但是只要那男同事主張：「拜託妳也想太多了吧，這是開玩笑。」更狠一點的會說：「妳真的想太多，我對妳完全沒興趣，只不過我說話就是這樣，大家鬧著玩的。」用這種讓羞辱貶低來框住對方，被騷擾的女同事就算不舒服，還是會開始懷疑難道是自己想太多嗎？也怕大肆張揚會淪為其他人的八卦中心，這是女性最後選擇把自己的感受壓下去的很大原因之一。

因此如果妳覺得不舒服，請妳認真正視自己的感受，嚴肅地跟男友反映，並要求他與女性友人保持好該有的距離。這跟干涉對方交友完全是兩碼子事，並不是在控制他，而是希望對方正視妳的感受，不是指責妳想太多，試圖把責任丟在妳身上，畢竟出社會後，各自要忙的事情本就很多，又怎麼可能隨時隨地都在聯繫？尤其是跨部門同事，除了公事外應該是沒有太多交集的。當然我們無法控制那位外放的女同事，她喜歡與人稱兄道弟，那是她自身的作風，好與不好都不需要加以評論，但妳的男友絕對可以冷處理。畢竟若不是公事就算不回覆，隔天到公司再說應該也不是什麼大問題，久了我想女同事也會自討沒趣，沒有人喜歡唱獨角戲的。

就算是小氣女友又怎樣

曾經我與一個男性在交往時，我是一個不會查勤的女友，當然也不會去偷看對方手機，對我來說交往就是要相信對方，要騙我的人就是會騙到底。而那時的男友對我身旁的一個女生朋友很好，我們大家都是朋友，其實大家玩在一起的日子，我也覺得挺快樂，可是不知道何時，他們越來越要好，我在想他們畢竟還有共同的線上遊戲可以聊，也不停地告訴我自己不要這麼神經，不要胡思亂想，但最後……男友竟然會接送她，但我這位貼心男友平常可不願意載我的。我會知道這件事，是友人看到告訴我的，但我依舊把我的感受埋在我鄉下家的芒果田裡（嗯？）。

後來我與男友分手了，我鼓起勇氣問那女生，如果當時沒有我，妳會不會考慮跟他在一起？女性友人這樣回答：

「會啊，我覺得他是個貼心的人，當然我現在對他可是沒有任何感覺。」聽到這回答，我心裡可是非常震驚。我心想如果當時有機會，一個不小心他們兩個極有可能會在我不知情的狀態下做出違反道德觀的事情，人性可是不容許被挑戰的。

因此真的要留意自己的感受，可別明明在意卻說不在意，不舒服硬要裝大氣，那麼妳只是把妳的底線越拉越低。並且別只相信一方的說法，當然不是要妳去懷疑男友，可是妳也一定懂得，所謂的一個銅板敲不響。或許妳的男友對那女同事的距離劃得不夠清楚，光是跟女生互傳照片，這件事就實在挺值得耐人尋味的，妳說是吧？

後來的我，要是在兩性關係上吃醋了，我的做法當然是讓對方知道我就是在吃醋，並且要求對方劃清界線。並不是不能往來，而是界線劃清楚，這是兩件不一樣的事，若要因此說我小氣那也無妨，我就小氣怎樣？小氣女友就是我，怎麼了嗎？當然很多人隱忍是為了害怕對方因此而離開，我雖然也會擔心，不過我也演不下去，而且忍得了一時，忍不了一輩子，以為忍一忍就會幸福快樂嗎？忍得了這事，忍不了其他事，妳還是會因為其他事而借題發揮，什麼都覺得很火大。明明不舒服還要裝大氣，保證妳下次跟他有任何小摩擦都會大爆炸。

若男友要以妳管太多要求分手，妳自己心裡一定明白這男的到底是惱羞成怒，還是妳真的反應過頭，只有妳自己清楚。

在感情裡不需要裝瀟灑，但也不能忽略自己的感受，一旦忽略了，你們的愛情將會在某一事件之後失控。

騙局，往往來自你腦子裡建構的偶像劇

講到異國戀情，其實真的有很多很多人嚮往。誒！別急著否認，身為人類的我們本來就會對與自己不同的長相、文化產生好奇，有的人除了好奇外也多了一份欣賞，覺得那些濃眉大眼、紅髮白皮膚的歐美人士特別吸引人，這部分我認為很正常，「喜歡外國人」只是眾多擇偶理想條件的其中之一，就如同有些男人特別喜歡挑胸部大、長直髮、大長腿是一樣的道理。相同的，有些女人在選對象時，特別把經濟能力、月收入放在條件上，當然這只是我打個比方的說法，會這樣換句話說，是因為某些人喜歡把談異國戀的女性冠上愛洋腸的帽子，但其實真的只是青菜蘿蔔各有所好。

台灣的居住人口基本上還是以台灣本地人為主，不像歐美地區容易在街上遇見各種不同國籍的人，在現今的社會，若想在台灣認識外國人，最容易的方式便是網路交友。網路交友真是偉大的發明，但如果無法分辨現實與虛擬的差別，下場就真的是像電視劇一樣，只不過不是浪漫偶像劇，而是超灑狗血的八點檔。

我在想，大概是因為本人是異國戀，每天發文的內容多數都是嘻嘻哈哈，因此我莫名其妙地成為大家心中異國戀的一盞明燈（疑？）。

尤其每當扯到英國，很多人便會拉著我問，有時就算我不知道答案，對方還是會繼續用訊息塞爆我的後台與信箱。某天，我收到一封信：

嗨，太太妳好，雖然我覺得我好像被騙了，但還是想再跟妳確認一次。我是在社群平台上收到一封訊息的，對方來自英國。我聽過很多詐騙的故事，第一時間就覺得該不會是要來詐騙我的？但這英國人感覺非常靦腆，不太會主動找我聊天，因為很難聊，我也就沒有繼續，但是當我沒有繼續時，對方反而很熱絡，並且告訴我很想念每天與我的對話時光。其實我也不過是當練練英文而已，但隨著時間，他分享的私事越多了，除了工作外也說了與前女友分手的傷痛，這也是為何他不願意再繼續跟歐美人交往，聽人說亞洲女生比較溫柔。

總之越聊越覺得跟他投緣，後來他與我確認關係，希望我能成為他女友。

英國男友說下個月要來台灣找我，不停地告訴我，多想照顧我，希望跟我有未來，也不停遊說我，要我申請帳號，那帳號是投資用的，放錢進去每天都有額外的收益。但我真的很怕會被騙，我只開了帳號，錢是對方放的，我也沒有覬覦那些收益，不過對方有點不開心，覺得我為什麼沒有跟他一起為了我們的未來努力，也不停跟我說這些投資是為了我們以後的家。

但最後，我還是投資了幾千元，那時周遭的人知道後，覺得我可能被騙了，我自己是覺得如果他真的想騙我，何必自己放錢進去，還在我的帳號裡放入錢，但左思右想還是擔心，便要求說想要把那收益領出來，生活上有急需。男友說好也叫我自己去換匯，但我根本換不出來，有去問了原因說是因為投資的金額沒有到一個金額，所以小額是領不出來的。本以為這事就這樣算了，但接著換對方說要去另個國家處理事情，所以需要把錢領出來，要我再放錢進去，因為他手邊沒有現金，要求身為女友的我幫忙，最後我沒有按照他的意思做，不過在那之後他就不理我了。我傳了好幾封訊息，他還是沒有理我，我想，我是真的被騙了吧？想到自己又要一個人過生日不免覺得孤單，又想到這幾個月在網路上浪費時間，根本是錯信了一個騙子。雖然我覺得被詐騙了，但還是忍不住想寫信問妳，我是否真的被詐騙了？我有對方傳給我的證件，可以幫我查查看，這個人是不是真的是英國人嗎？我真的好嘔為什麼自己那麼蠢？

另外想補充，我不是只設定交友對象是外國人，只是我覺得台灣男生真的有夠難聊的誒，不知道太太是不是也是這樣覺得？

妳不是愚蠢是自願被騙

我的後台與樹洞信箱的這種異國戀問卦比例一直居高不下，我聽過非常多類似的狀況，每一個人都會覺得自己是一時的同情同理，好心幫助人，但為何會落得這樣的下場。但被騙就代表這些人很笨嗎？並沒有！之前在社會新聞上看到有教授被騙，也是類似這樣的手法，你們覺得一個可以當教授的人真的是笨嗎？至少對方的智商肯定比我們高一些吧，才能啃掉那些苦得要命的書本一路往上爬。既然不是愚蠢，那為什麼會被騙？若追根究柢去分析，大概是因為自己太想要、太渴望，因此即使素未謀面的人，一旦說要牽著妳的手過一輩子，便豁出去了，就如同那些急著想要一夕發達的賭徒上了賭桌一樣，他們帶著僅有的籌碼，一次梭哈，成不成就看這次，就算機會渺小也願意飛蛾撲火，因此真的不需要責怪自己愚蠢，而是要好好面對「自己對愛情有多麼渴望」這件事。通常認清自己的狀態時，妳也更可以去梳理自己的感受與情緒，唯有這樣，才能分清楚妳是真的很喜歡這個男的，還是妳只是很想要談戀愛，尤其是沒有見過面的人，又怎麼能夠讓妳掏心掏肺？比較多的時候，是我們自己沉浸在想戀愛的氛圍裡。

就叫你只是談戀愛

因為社群平台崛起，網路資訊氾濫到不行，我知道有很多人是透過網路而找到對象，無論是交友平台，還是一般的社群平台，總之成功範例是有的，而這些成功範例又會在網路上分享，包含我自己一開始也是因為分享與先生邂逅的故事發跡的。雖然我們並不是透過網路認識，但是像這種跨國跨海的異國戀，本來就很容易吸引別人的眼球，如同我文章一開頭說的，台灣的歐美人士以比例來說還是算少數，尤其離開台北後更是少，而我們這些已結婚的人，在他人眼裡彷彿就像修成正果的勝利組，但這邊我必須說：結婚才是修煉的開始，沒修好時容易走火入魔，是會想殺人的哈哈。

每次看到這種來信，我都會懷疑自己曾經在網路上分享與先生的相遇，到底是好還是壞。這就如同雙面刃，它可以激勵人心，讓跟我一樣曾經遠距離或異國戀的人有個同溫層，知道自己不孤單，畢竟有些事是談異國戀必須面對的問題，我的分享也能讓大家思考自己是否能夠面對那些即將到來的關卡。但這也很容易被理想化，把一樣的劇情套在自己身上而不自知，認為自己最後也可以像那些已結婚的人一樣，於是刻意忽略自己內心已有的懷疑。

我相信百分之九十以上的人看到這封來信，只會覺得這女的也太笨了吧！怎麼可能會聊天聊出愛，這樣就被騙了？但這就是曖昧聊天的問題所在，真的是會越聊越起勁，就跟一般的約會對象，與還沒確認關係的人曖昧一樣，透過線上聊天，隨著訊息一來一往，時而甜蜜，時而緊張，時而猜忌，就是那種感覺讓許多人聊出感情來。當然前提是你不討厭跟你聊天的這個人，也因此我對於有些人線上認識對象，聊天後進而見面交往，或者有人要進度超前，馬上確認彼此，我都沒有評論。只不過若超出了談情，開始「談錢」的時候，就得要提高警覺，基本上十個有九個是詐騙，就算沒有詐騙，一開始就要談錢，你還敢跟對方有未來？談戀愛可不是先求有再求好啊。

被騙不可悲，執著才是可悲的開始

說了這麼多，其實很明顯的，就是這位小姐姐被騙了。被騙就是被騙了，不甘願絕對是肯定的，連廟裡和尚都要練習修身養性，何況是我們這些凡人，內心又怎麼能不起任何漣漪呢？

只是網路詐騙這件事，基本上錢都是要不回來的，即使報警也很難要回來，我們只能看清現實，接受自己遇到騙子，然後牢牢記住這件事，提醒自己未來別再發生。因為騙子就是騙子，打從一開始就是要騙人，又何必去查那個ＩＤ的真偽，即使查到了也只是另個可憐人被拿來當人頭罷了，更別說是跨國詐騙了。

談戀愛是很美好的一件事，每個人的喜好和審美都不一樣，適合他人的對象，不一定就適合自己。是不是特別偏好外國人都是你的自由，自己的喜好與否本來就與他人無關，也因此他人對你的評價也與你無關。

至於來信的最後，詢問我是否覺得台灣男生特別難聊這件事，這實在說不準，因為跟我聊得來的男性都是我的好友，跟我聊不來的也不一定是他們無趣，就不在同頻率上而已。

騙局能成立大多數不是騙術本身絕頂高明，而是因為陷入自己的編劇之中，所以識人不明。

每件事總是要把最糟的狀態考慮進去，
不然這份善就不是善，而是愚蠢，
你也會因為人性而變得對世界絕望。

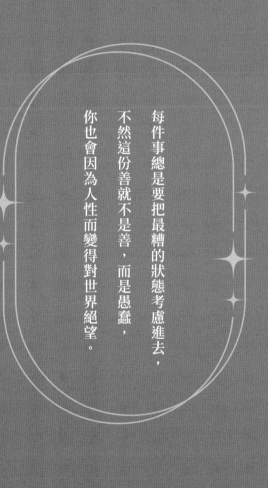

Part 3

馬克太太的職場顧問

有沒有可能你才是慣員工？

自從在台灣有了自己的團隊與公司，我也算是正式成為管理者了，也許是平常在社群平台自娛娛人，每日寫下生活的趣事，很多人便認為我是佛系老闆。時不時會收到太白粉來信訴說關於職場的各種抱怨，通常我的態度都是：要不你換掉公司，要不就忍受公司，我的立場永遠是無論再怎麼完美的老闆與公司，不同人都有不同的感受。

嗨太太妳好，每個月妳的限動都會有一次是小幫手的下午茶日，我隔著螢幕都可以感受到妳是真心替妳的員工著想，我實在好羨慕他們。我自己的老闆給的薪水很低，都存不到錢。我一開始也是有滿腔熱忱，不過在日復一日的工作裡慢慢被澆熄了，薪水不夠多，每日還累得像狗一樣，實在是很厭世，我很猶豫到底要不要乾脆轉職，不知道為何我總覺得現在的工作很沒有未來，總而言之，我老闆大概就是慣老闆吧。不知道太太有沒有什麼建議可以給我？或者說如果你們還有職缺我很想試試看，感謝妳花時間閱讀。

慣老闆還是慣員工

這位認為薪水不夠的善男信女你好，撇除公司違反勞基法的部分，其實有很多人不確定自己在公司有沒有未來，是否要在這家公司繼續待著還是另謀出路，你真的不孤單。現在勞工意識抬頭，所有人都非常在意自己的權益，從前那種把自己累得跟收入不成正比的事也少很多，但若你自己本身是沒什麼價值的員工，其實很難跟主管談高於勞基法訂定的薪資。

等等，先別急著罵我現在創業腦袋就換了，忘記自己當員工的辛苦，畢竟我從前不止是學渣，也曾一年三百六十五天換了三百六十五個老闆（？），那時的我，永遠認為別人有問題，自己才是最棒的。接下來我所說的，都是本人血汗屎的經驗，絕對不中聽，但職場就是這樣。如果你的工作性質不用特殊技術，也就是新進人員訓練過後就能上手的，在合乎勞基法的狀態下，你認為公司給你的薪資不夠高時，就得要想辦法多付出些，證明你可以為公司帶來效益，讓公司無法隨意就找到人替代你，甚至必須主動為你加薪，就怕你跳槽。畢竟並不是每家公司都是年資代表薪資的，雖然年資越深薪水確實會增加，但加薪幅度大概不是你所期待的，若真的希望能加薪，或許可考慮轉職到有技術類的部門，再不然你就想辦法爬上去當主管，坐以待斃本就不是好方法。

若這些你都不想要，也可以換掉原來的公司，你辭退你的老闆跳槽別家。不過換之前，記得先問問自己，換了以後問題就解決了嗎？不然一樣的問題還是會出現。要跳到另一家公司，若不是因為你能力好，換了一個更優渥的待遇，有極大的可能會重蹈覆轍，或是遇到更糟的狀況。有時候，你的不滿不是因為老闆給的薪資真的不夠，而是在氣自己的無能為力，但卻又不願忍痛做些改變。

你的行動可以證明你有多渴望

在我寫書的那段時間，剛好遇到泰勒絲美國巡迴演唱會，她火熱的程度相信大家都知道，演唱會可是一票難求。某天我在ＩＧ看到一則影片，那是一位男保全背對著泰勒絲演唱會的舞台，面對著觀眾確保沒有人失控，但他會被拍下不是因為他長得特別帥，好啦老實說也算帥，但這不是重點，他被注意到的原因是他對泰勒絲的每一首歌都倒背如流，雖然眼睛對著觀眾管理秩序，但嘴巴可是沒有停下來，跟著身後舞台上的泰勒絲唱著，唱得比台下觀眾還要起勁。影片曝光後才知道，這位保全人員的本業是會計師，由於實在買不到泰勒絲的票，又很希望進去聽，最後他乾脆就去應徵兼職人員，一下班就去當泰勒絲的演唱會保全。這故事聽起來好像不怎樣，不過我跟你保證，換作其他人，大概就只能飲恨，不是巴望偶像再開一次演唱會，要不然就罵那些販賣黃牛票抬高價格的人。把場景轉換到職場上，有的人會羨慕他人的職位，認為對方可以升遷都是因為幸運，只因為對方起跑點比自己高，而現在的自己薪水之所以不夠優渥，都是因為自己沒有背景，只能看著別人擁有。可是卻沒有人想過，該如何去達到自己所羨慕的薪資？更準確地說，思考自己可以怎麼做，至少必須明白該精進自己的能力，但在達到目標之前的挑戰太痛苦，很多人也就選擇合理化自己的現況了。

有能力的人都是因為努力

其實在某方面來說，我可以恭喜你，你就算覺得薪資不好，卻還有時間猶豫去留，除了可能只是單純碎嘴外，也許你的經濟狀況，尚且沒有迫切到威脅生活。畢竟真的很急迫的人，會嘗試各種可能來改變自己的人生，絕對不會放棄任何改變的機會，真正想要的人會破釜沉舟，無論如何都要放手一搏。

講大人物的故事大概會讓人覺得很虛無，那麼我說一個在我身邊發生的真實故事。我妹婿是個刺青師，刺青藝術在台灣還是很多人不能認同，即便現今社會所有人喊著職業不分貴賤，卻還是會看不起沒有頂著光鮮亮麗頭銜的人，很多時候是不說出口，心裡卻偷偷這樣想著，當然這也包含妹婿的家人。

成為刺青師一直都是他的夢想，但是在我們嘉義那種鄉下地方，老一輩人還是不能接受，雖然希望工作是師字輩，但不包含刺青師，因此鬧了一場大革命。家人希望妹婿好好讀書考上復健師，這樣才是個穩定、頭銜好，也比較容易受尊重的職業。拉扯到最後，眼看妹婿不就範，他的父母就對他說，你要是考上了就讓你去當，當然啦，這絕對是父母的陰謀，認為孩子只要走上他們認為的正軌後，就會明白這樣的未來才是好的。

妹婿就真的乖乖讀書，讀書時期都領了獎學金，接著如父母所願畢業拿到合格證，也當起復健師。但一段時間後，正當大家以為他應該就會這樣乖乖一輩子做這行業時，妹婿卻正式轉行，並且開了一家刺青店。這故事說起來好像簡單，但其實打從他決定要當刺青師時，練習就沒有停過了，當復健師的同時也有私下接案，他免費幫身邊想要刺青的朋友刺，數不清地來回練習，數不清的無收費換取作品，為了支撐自己的夢想，他的工作沒有停過，畢竟荷包太瘦時，夢想也會隨著經濟壓力而委靡。即使現在有了自己的店面、穩定的客源，他依舊繼續精進自己，透過一次次比賽，除了證明自己的能力，也可以與其他刺青師技術交流。短短幾年他就得到各種獎項，在二〇二三年六月，他帶領幾個模特兒到美國休士頓參加刺青比賽，這種國際型比賽的對手都是大有來頭，但他還是很爭氣地抱了二十四座獎座回台，其中幾個項目還是前三名全包，除了勵志外，我也不得不說妹婿很務實。雖然當了刺青師圓夢，但他深知夢想不能買飯繳水電，只有實際的鈔票才可以，所以在每場自費飛往各國的比賽都拿回獎牌，這就是他為自己加薪的方式，也印證了成功的人總是會找到方法。

你的心態才是決定收入的重要關鍵

當你在工作上覺得自己不應該只值這樣的酬勞時，那就得要拿出實力，讓公司看到你的價值。如果你能證明你是公司很重要的核心成員之一，根本不需要你開口，自然就會有人為了讓你無法跳槽而提供更好的條件；要是實力不夠，那就要用經驗換取，並沒有哪一樣工作的前程最可靠、最有未來。未來這種東西會因個人的行為而有所不同，在職場上所做的一切全都代表著自己，我也看過有的老鳥偷懶還沾沾自喜，覺得自己比其他人聰明，可以做到滿分，卻覺得有做就好：明明可以趕快把事情處理好，卻要慢慢來拖到最後一刻：所有的大小事只要覺得麻煩，能閃則閃，反正沒人看到就沒事。老實說這樣的心態就算讓你當蘋果的執行長，你也會很快摔下來的。

說到底，若是帶著得過且過的心態，就算讓你轉到世界最賺錢的行業，大概也依舊不會被公司重用的，哪天公司策略異動時，被汰換掉的就會是這些不那麼重要的人。如果你的職涯一直都這麼漂泊不定，或許你該想想，是否該調整自己的工作態度，發展其他的技術能力，提高自己在公司的價值。這些話真的是不太中聽，不過在這充滿荊棘的職場社會裡，若無法對公司發揮實質產能，就很難得到公司器重，更別說要跟資方談升職與加薪了。你的離去對公司來說可能還是皆大歡喜，畢竟福利會隨著年資或多或少增加，站在資方角度，就算不喜歡那員工，如果沒有犯錯，要辭去一個人還要給資遣費，養一個沒有產能的員工，公司也是很困擾的。如果你想跟資方相互較勁，唯一的方式真的就是努力創造價值，讓對方不能沒有你。

會吵的小孩有糖吃，但是在職場上吵鬧看起來無知無能，手法也很粗糙。

有些職缺如同撒旦的誘惑

嗨太太妳好，我是一直都有追蹤妳的粉絲，感覺起來妳就是個很新潮的人，不會輕易就給人不好的評論，也相信妳是個接受度很高的人。我寫信來是想詢問妳，對於八大行業的看法為何？我想先說明我不是好高騖遠的人，只不過對於每個月入不敷出的狀態感到很疲憊，太太也是沒有好背景的人，一定知道那是什麼感受，不知道自己何時才會有機會像妳一樣翻轉人生，因此最近想著，是不是要快速地去八大行業撈一筆。我聽人說八大也是有分的，並不是說做這個就一定要出賣身體，有些是陪客人聊天說笑，若可以快速撈錢，我撈夠了就收山，不過又擔心會被周遭親友發現。但另個層面又認為職業不分貴賤，為啥不能做？自己也是靠本事工作，不偷不搶。除了想詢問太太對於這行業的看法，也想知道當太太被親友貼上不好的標籤時，是怎麼消化這樣的評價呢？

我的故事不會成為妳的故事，但可以參考用

入不敷出的妹妹妳好，想必妳一定是很年輕的女孩，才會考慮要這樣出來工作。看到這封信時，其實我心裡很激動，要是我有妳的電話號碼，一定馬上撥出阻止妳（？），因為曾經的我，就真的有去八大行業試試。既然我有去試做過，顯然我並不認為八大行業有什麼不對，但是人性很難禁得起考驗，一個不小心，妳會很難回頭的。

曾經的我在十七、八歲時，實在是受不了永遠籠罩著低氣壓的家裡氣氛，我這不知天高地厚的女漢子，就執意搬出去自己住。剛開始還志氣高，想

著努力打工，不只要自給自足，還要拿孝親費回家，證明女兒也是很棒的。當然一個月一萬多元的打工小妹，再怎麼省吃儉用也不夠，更何況當時年輕氣盛，朋友約飯局，愛面子不好意思推，尤其是缺乏家庭關愛的少女，更不可能有辦法對朋友說不的。那時剛好休學一年在準備重考，但每天晚上都在外面遊蕩，看到很多漂亮小姐姐穿辣辣，坐在外層烤漆擦得發亮的車子裡，她們個個看似也出手大方，朋友告訴我，那些人的工作是傳播妹。

不知道現在還有沒有這種工作。十年多前，可是有很多女學生背著家人，呼朋引伴一起在半夜開始她們的撈錢計畫。當時讀的高職就有好幾位同學打這樣的工，這種工作時間彈性，基本上也不需勞力，還有專車接送，薪水當日領現，就算是現在，這樣的條件應該還是聽起來很誘人的。當然同時也讓人感到不安，畢竟以常理來說，薪資與付出的代價通常都是成正比的，甚至更多時候，員工被壓榨的狀況還居多。但當時的我實在太想要快速地賺到錢，急著想證明自己，完全考慮不了自己是不是會陷入危險，儘管內心不踏實，還是希望自己的人生可以快點不一樣，就如同妳現在這樣，最後我決定要向錢看，輾轉經過友人介紹，我正式成為「傳播妹」。

小心翻轉人生變成翻倒人生

傳播妹上班時，都會有人來接送。一上車，車伕便在車上簡短說明傳播妹的基本工作內容，大致上是去陪客人說說話、喝喝酒、聊個天，炒熱現場氣氛，總之讓客人們開心就對了。而這些客人通常都是在KTV飲酒玩樂時，就會打給車伕，若有生意上門，車伕便會以最快速度把整車小姐們載過去KTV。

工作說明結束時，我也抵達我的第一個工作地點。車伕領著我和幾位小姐直奔包廂，門一打開，包廂電燈也打開，亮得好刺眼。我的瞳孔還在縮小，適應空間突然變亮的不適感，車伕急促拍著手，喊著要大家好好地站一排，我都還沒搞清楚狀況，就有個醉漢走向我，對著我的臉直接吐了一口煙說：

「出去。」

「蛤？」站在原地搞不清楚狀況的我傻傻地回答。

我根本還不明白到底發生什麼事，車伕就拉著我走出包廂，這下子我明白了，原來我們站一排像選妃，要大爺們喜歡，妳才能留下來撈錢。只見車伕的電話響個不停，他領著小姐們，走了好幾間包廂，也換了好幾家ＫＴＶ，到了凌晨兩、三點，車伕手上的小姐都上工了，只剩下我和一、兩位菜鳥沒有人看得上，即便那些大爺們都有幾分醉意，卻還清醒地記得要略過我這灑了大量香水，塗著猴子屁股妝容的女生。當時我只想著新台幣，還是忍受下來，明明很厭惡女人被物化的我，卻親手把自己變成商品一樣，任君挑選。

最後車伕有點氣餒地說：「最後試試這間ＶＩＰ包廂吧。」

門一推開，果然是ＶＩＰ御用，空間超氣派，寬闊到可以騎腳踏車，隨之而來的是刺鼻又濃烈的焚燒怪味。雖然這間包廂沒有在推門時就打開電燈，但彩色的霓虹燈加上包廂裡大螢幕的亮度，還是足以讓我看清楚這裡面。往座位望過去，少說也有二十多至三十人，有的人醉倒癱坐在椅子上，有的人眼神迷濛靠在隔壁人的肩膀上，還有幾個身上黏著女人，她們背對著我，跨坐在男人身上，我猜那些男的應該都是客人。幾個妙齡女子因坐姿關係，裙子向上捲，幾乎快被看到屁股，而那些男人的手不是在裙子裡，就是在女人的前胸，身體上上下下隨著包廂轟隆隆的音樂聲響擺動，還有一些人喝著酒，大聲玩著我聽不懂的喊拳遊戲，這景象讓我倒抽一口氣，畫面很不協調，但是裡面的人卻自在地享受著屬於自己的天堂。我看得出神，沒留意到前面有個穿襯衫的男子，帶著酒氣搖搖晃晃地向我走來，然後突然一聲「緊造！」（台語：快跑），還沒回過神來，我的手已經被另外一個女生大力拉著快速往門外跑。我不懂為什麼要跑，但本能地聞出空氣中帶著危險，於是也死命地跑，也許太著急害怕，竟然跌了狗吃屎，但同一時刻，後方砰一聲劃破了KTV的喧譁，我不確定那是否是電影裡才能聽到的槍聲，還是只是某種機器發出的聲音，無論發生什麼事，我都不敢回頭去看。在與車伕一起離開前，我只聽得到遠處警鳴聲正在靠近，藍紅色的燈在深夜裡環繞，我的心臟跳得飛快，也感到十分不安。

有些路踏上就很難回頭

不知道妳看了我的故事後是什麼感覺，這確實可能只是一個小插曲，但誰能保證這樣的意外不會發生在妳身上。人生道路雖說會有各種意外，不過有些意外妳是可以避免的。那一次的經驗，把我這不知天高地厚的毛雖長齊

（？），但腦沒長全的小女生嚇歪。這樣的工作場所，實在太沒有保障，加上出入的人太複雜，以收穫的薪水來計算，其實不能算多。妳付出的，是年輕才能擁有的青春體力，長期熬夜，身體不一定吃得消，再說這可不是輪大夜班而已，不但要與酒精搏鬥，還要每天應對著幾杯黃湯下肚就脫序的客人。雖然現在高喊女權，喊著我有身體自主權，我可以穿清涼你不能亂騷擾，但這樣的工作性質其實明擺著是以女色為賣點，自己就是商品，自己也物化自己，等於是把自己放在複雜的工作環境中，遊走在灰色地帶。

對於我來說，職業確實不分貴賤，只要妳不偷不搶為何不能做，當然可以，只不過在這行業遇到的客人，多多少少都有其他心思。妳每一次工作時，都隱藏著可能被侵犯的風險，即便妳可以承受這樣的風險，也有很多女生在習慣這樣快速入帳的收入模式後，就再也無法回頭做其他正規的工作。當然不代表每個人都是這樣，但從我過去的經驗看，有很高的機會是會一直這樣下去的，之前認識的幾位女孩就是靠著年輕皮囊工作的人，無論是從前的傳播妹，到現在的飯局妹、酒店妹，她們就是一路這樣持續下去。我曾經也問過她們，這樣日夜顛倒又得碰酒精實在不是長久之計，確定不換工作嗎？她們給我的答案是很想換，但是又不知道自己能幹嘛？而且一般的服務業薪水又很少，一旦習慣高消費模式，就更無法換工作了。並且交友圈也複雜很多，畢竟妳在什麼環境遇到的人都會大同小異，我聽過幾個案例是嫁給客人，但最後都是非常狼狽地逃出婚姻。老話一句，這不是百分百但高機率。

我絕對尊重任何行業的工作者，不過在還年輕有很多可能時，選這個方式賺取報酬，除了沒有保障外，對自己的職業生涯更沒有加分效果。我可以理解來信妹妹所說的每個月入不敷出的感覺，但入不敷出總有原因，妳沒有找到原因，就算妳月入數十萬也只是治標不治本。妳得要清楚知道每個月薪水無法平衡掉開銷，到底是因為負債，還是自己每個月消費的比例沒分配好。要是因為負債，又是什麼樣的負債，信用卡或是銀行可以去協商，若是消費的比例沒算好那就好處理很多。

除了八大行業外，其實只要是能比一般上班族快速入帳的薪水，多數人都以為自己賺到第一桶金就會離開，但往往是高估自己。一旦進去，很難全身而退，這環境是大染缸，就算妳能像陶淵明那樣出淤泥而不染，幾年後在轉職時，妳已不是社會新鮮人的狀態下，履歷表上的經歷又要怎麼寫呢？職涯跟存款一樣是需要時間慢慢累積的。

最後妳問我，要「怎麼消化別人對我貼上的標籤」，這應該要先反問自己，妳真的可以像妳說的那麼坦蕩嗎？若妳可以的話，其實也不會有消化別人貼標籤的問題了。

通常能讓你快速賺到金錢的工作，要付出的代價往往不是我們能承受的。

行行出狀元，但是我的小孩只能是老師律師醫師

寫粉專寫了六年了，雖說不算是角質層很厚的老屁股（？），但也不是毛都還沒長齊的菜鳥，嚴格說來我可是毛多到要去除掉的人。抱歉扯遠了，這一篇跟毛髮完全無關，我只是想表達因為長時間勤勤勉勉無論是廢話還是長篇大論，每天都更新文章，也養了一票太白粉，本以為我可以靠顏值吃飯（是誤會什麼了？），肯定吸引來的粉一定都是年輕妹妹國家棟樑，但最後發現最終能進食的是嘴巴，靠顏值吃不了飯，大概是太實在，我有很高的婆媽粉，她們都是可以當我媽媽的年紀，有幾次在台灣把我認出來的都是四十五歲起跳的。常聽到這年紀的假讚賞真抱怨，除了誇獎我一番，覺得我實在勇敢又有自己的

一片天，接著就是數落家裡的孩子，說他們整天都不知道在幹嘛，有時聽到最後我都很想告訴她們：阿姨，我父母也是覺得我整天不知道在幹嘛誒。希望這篇分享，能讓水深火熱的大家可以不再被父母數落到一無是處，所以記得這篇一定要把右上角摺起來，放在父母看得到的地方。各位同學們，我盡力了，剩下的交給你們了。

太太妳好，我真的很羨慕妳可以自由自在地選擇自己想要的生活模式。我寫這封信，實在也是我真的找不到人聊，很希望能藉由這封信來問問妳的看法或者有沒有建議我該怎麼做才好。

我是一個對未來非常迷惘的學生，一直以來家裡的父母都說只有讀理科才會有未來，最好是當個工程師，所有的長輩都覺得可以當工程師才是有技術有很優渥的薪資，因此我從小就被教導要往理科發展。偏偏我對自然科學理化都是興趣缺缺，更確切的說法是很厭惡排斥，但是太太妳一定也經歷過吧？在台灣升學，大家就是推崇理組比文組的未來更有發展，或是如果要讀文科，得考上法律系，偏偏我也沒考上而且我也沒興趣。最後也不知道是幸運還是厄運，我考上了父母所想要的理科，心裡雖然鬆一口氣，但也知道自己走這條路肯定會比別人辛苦。入學前我便再三地心理建設一番，讀到第二年後我真的是快瘋了，每一堂課，老師講的跟我所理解的完全是兩回事，無論我課後怎麼複習怎麼啃書本，還是沒辦法跟上同學的進度，我崩潰大哭的次數也越來越多，在學校的每一天，我都覺得痛苦萬分。太太如果是妳，妳會怎麼做呢？

到底誰說理科最賺錢

對於這封來信我深感抱歉，也有滿滿的心疼，曾經我以為教育不停地改革，我們這些曾經被封上「爛草莓」的七年級生也都往四十代奔去了，想當初我們這些爛草莓也是被各種雜誌或是成功人士點出會無法在這社會上競爭，不過現在看看我們這些「爛草莓」不也是有一片天？尤其是現在的網路時代，新興行業這麼多，若是理科才最賺錢，那理科太太幹嘛當YouTuber？先說唷，我是她的粉絲，之所以拿她當例子肯定是認為她經營得很成功。回到原來的話題，理科太太之所以開始拍影片，推測應該也是覺得有趣才開始，但你們一定要相信，只有熱忱是撐不了夢想與興趣的，這兩樣東西終究還是得跟現實妥協，要是沒有實質鈔票可以入袋，真的沒有人會持續這樣下去。如果可以那肯定是在經濟上沒有後顧之憂，而我們多數人都得要考量最殘酷又很膚淺的新台幣，因此如果妳是為了要賺取很多藍盈盈的鈔票，那麼理科不一定是首選，銷售人員的業績獎金，往往超過理科們的固定薪水喔。

個人的人生道路不需要隊友

大家肯定知道無論跟誰要答案，最終能給出答案的只有自己，但是我們對未知的世界有無限的恐懼，更精確的說法是，所有人都希望被認同並得到贊同，如此一來在下決定時就會有多一點勇氣，好像是有一點人認同就會多點成功的機率，只要能拉多點人當隊友，就算失敗了似乎也不是自己的問題，而是所有贊同自己的人共同負擔責任。即使知道真正的答案在自己心中，也得一個人承擔，這樣簡單的一句話，說起來像是廢話，但站在十字路口猶豫的人是聽不進去的，不然為什麼市面上這麼多勵志心靈書，我也不會因此有一口飯吃還寫了兩本書（？）。

回過頭來說，妳現在就讀的理科到底是誰填下的志願？不就還是自己嗎？無論是父母勸說還是師長建議，最終只有本人才能決定讀的科系，雖然旁人有責任，是他們引導妳灌輸妳只有理科才是世界一級棒，不過所有的責任還是自己的，我這麼說或許聽起來涼薄，但事實不會因為我溫柔婉轉一點就會改變。我理解妳大概是因為害怕，擔心未來真的沒有好出路，才會把心裡真實的聲音埋藏起來，畢竟那時候的妳可能也找不到好隊友，放眼望去，身旁所有人都站在理科隊，最後聽從別人的意見下決定，拚命地考上不合適自己的理科，而現在日子卻痛苦不堪，那些曾經鼓吹妳的人，有誰可以幫妳承擔呢？

你的未來等同於現在的選擇

讓我印象非常深刻的一次是，二十歲出頭時，我對於抉擇有嚴重的障礙，有次我直接把問題丟給好友，問她如果妳是我，妳會怎麼辦？

好友給我的答案真的就是廢話，叫我自己想清楚然後放手去做。當然啦，我對這答案很不滿意，便一臉哀怨地看著她，好友大概也懂我這張哀臉的意思，沒幾分鐘後就跟我分享周遭真實的事件，她說：

「我有個朋友大學讀了××科系，讀到大四時他突然決定要休學，說要考醫學系。」

「哇靠！都大四了誒！怎麼這麼勇敢說休學就休學，重來就重來，那沒考到不就哭死？」她說的話直接被我的驚呼打斷。

好友接著說：

「他考上了，真的是很努力才考上，而且醫學系是要讀七年，所以沒有什麼年紀問題，只有妳的心。」

（補充說明：二〇一三年後，醫學系只需要讀六年，當初那學生是讀七年制。）

我不知道聽到這例子的人是什麼感覺，但當時聽完，我的心真的是熱血沸騰，一定比一百度熱水還要高，狂奔一萬公尺都可以的那種激動。在那之後只要遇到障礙，就會把這件事拿出來思考一下。

我想，可以毅然決然放棄即將到手的畢業證書，大概是真的很想要讀醫學，而且渴望的程度更遠超越一般人，不只是想想而已，而是「超想得到」才行動。

若是目前這件事讓妳痛苦萬分，那該問的問題不是該怎麼辦，而是問自己可以繼續承受現階段的狀態嗎？真的順利畢業後，會從事相關工作嗎？理科比較好、文組沒出路，理科薪水高是舊時代的偏見，還是事實呢？有任何研究報告指出嗎？妳會想要換科系重來一次嗎？畢竟若是重新來過，同年齡的人一定比妳更早畢業進入社會，他們開始有穩定的薪資時，妳可能還沒畢業；一旦換科系也代表著要比別人更努力更用心把沒修到的學分修完，這些妳都可以承受嗎？

當然每個人在抉擇時，都是又痛苦又無助的，這很正常，我們又不是神，不是掐指一算就知道未來。但是痛苦無助後還是得面對現實，而面對現實最快的方法就是解決。想換科系沒問題，當初就是選錯了，是妳選錯了，面對自己選錯了的事實，不能把這些責任歸給家人與師長，即使當初他們真的有勸說，妳終究才是那個可以真正左右自己人生的人，尤其是已經過了十八歲的妳。

薪資不等同於就讀的學校與科系

我寫得洋洋灑灑，肯定會有人覺得我站著說話不腰疼，講得理直氣壯，最後就來說說我自己。雖然我並不覺得自己是人上人，但對於現在的生活狀態我挺滿意，有那麼多人來信問卦，就代表著大家相信我、認同我。

以前的我讀的是五專英文系，我不排斥英文系，而且我那學校也不是什麼大名校，基本上有學測成績應該都是可以上的，但本人就是天真無邪大家閨秀在後花園撲蝴蝶（？），整天戀愛腦，有男友萬事足，我拿愛情賭學分，最後當然被當得一塌糊塗，也被分手。那時賭氣想要轉學，覺得沒人愛我，還被當成這樣，光修學分就修到快瘋掉，最後是導師和同學留我，要我別這麼衝動，家裡的人也覺得不要吧，轉學轉科了不就浪費現在的學費。尤其本人是就學貸款，以後政府老大本金加利息都不會少收一毛回去，當時其實自己也怕後悔，更怕轉換環境，最後我在辦轉學程序辦到一半時直接喊停，決定繼續讀。誰知道讀到第三年，我真的受不了，除了被當太多科，最主要的原因是我發現自己其實沒有這麼喜歡英文。英文系的八堂課，有七堂都跟英文有關，不是英文聽力，就是英文對話、英文寫作、英文文法，我覺得我就算把英文書吞了，也只會成為一坨屎，真的完全沒天分。最後我休學打算考學測，可是人就有劣根性，一離開校園宛如放出去的青春小鳥，自由自在的哪還記得讀書，幾個月後的學測我甚至沒起床去考，因為前一晚我跑去夜店了。瞧瞧我當時的死樣子，是不是如同我家人說的：沒路用，這輩子完蛋啦（仰頭大笑）。

沒有好好考學測，那就上不了學校，因此用之前的學分去選擇學校，正確來說是看哪個科系、哪個學校肯收留我。而學分被當太多，轉學時連科系都沒辦法選，真的是活該，但自己搞出來的也只能自己面對。最後終於有一間非常爛而現在已經倒閉的學校願意收我，科系是觀光科，那裡的學生很糟糕，大概就是現在俗稱的8+9，老師也不想教，學校是有人在吸毒的，學生被霸凌老師也不管，那時我才意識到，如果自己不努力，以後大概也就是跟那些同學一樣逞兇鬥狠，遲早進監獄。為了要考上大學，高職剩下的那兩年，我認真的程度別人可能誤以為我要考台大。但因為之前實在太荒唐，我費盡力氣也不過才考上私立大學，雖然也是名氣不錯的好學校，但總想著那些用力讀書的日子，沒有考上國立大學我實在有點不甘心。後來我順利拿到休閒管理系的畢業證書，休閒管理系就是吃喝玩樂都歸我們管，飯店餐廳旅遊業都是，看看我現在的工作是什麼？妳可以說我是文字工作者也可以說我是賣東西的商人，但就跟我的畢業科系沒有絕對的關係。

確實，可以讀理科的人真的是邏輯清晰，腦子很靈光的，但也不代表就讀文科的人就需要自卑。我本人其實算是學渣了，但是現在也寫了第二本書，在台灣有一個小廠房，有十來位小幫手，你們說難道沒有讀理科的人真的會比較差嗎？

因此畢業於什麼科系不見得就會做相關工作，而沒有做相關工作的人也不會比較糟糕或是人生失敗，妳的成就來自於妳對生活的態度，要敢誠實地面對自己的心，即使那件事說出來會被嘲笑，也能勇往直前只為了不辜負自己的夢想。

即使所有人都否定你，你還是想要做你想做的事，並且勇於承擔任何結果，這才能決定你未來的高度。

身為女性妳更不該放棄工作

嗨太太妳好，我與妳的年齡相仿，可是妳越活越有自信，而我卻覺得我越來越糟糕，心裡真的非常非常委屈，甚至開始懷疑自己是否嫁錯人。

我與先生從學生時代相識，老實說我們是大家很看好的一對，我自己也認為這個男人很疼我。出社會後，我與先生都各自在自己的工作上努力，當時我是做行銷公關的，每天的工作都非常有挑戰性，白話就是：我忙炸了，我有很多會要開，有很多客戶要見面，當然也有很多提案得給老闆過目，常常忙起來就是沒日沒夜，真的很累，但也很有成就感。後來我懷孕了，便順勢結婚，先生霸氣地告訴我，以後家裡開銷他會負責，他說我養妳，累了就不要工作沒關係。我當時真的覺得很累，也就辭職在家待產，接著孩子出生，我變成沒日沒夜地照顧嬰兒，而先生認為他在外面工作，家裡的事當然是我要負責，半夜孩子要喝奶，他也不願意起來，他說他得要休息，我很明白他對家庭的付出，因此就接受了。

我打著孩子稍微大一點應該會輕鬆點的算盤，但先生其實一直都覺得兩個才是恰恰好，因此孩子一歲後我又懷孕了，緊接著，我再度陷入每天的育兒地獄中。我也想過要把孩子送托，但是先生認為要是薪水再給保母根本是打平，加上怕跟孩子不親，一咬牙就這樣撐下去直到他們都小學了。其實這個選擇我並沒有後悔，因為孩子的成長只有一次，應該是值得吧？但是我對於先生卻越來越失望。

這些年我完全沒有收入，我因體諒先生，從來不開口要買奢侈品，更不用說是一件幾百元的衣物。但有時一年才上一次髮廊，先生卻很不開心，認為我花了幾千元，我真的覺得很委屈，也越來越無法跟先生聊天，他總說我一個家庭主婦沒有在外面工作哪裡懂，可是當初我的薪水比他還要好，工作發展也比他還要好，是他說他要養我，是他說孩子需要媽媽陪伴，是他說他會扛起責任，為什麼現在一切都不一樣了？更令我難過的是，我無意中發現先生手機裡有跟其他女人的親密對話，我真的不知道我現在該怎麼辦，像我這樣都過三十五歲的女人什麼都沒有，也離開工作這麼久，我該怎麼辦？希望太太能給我些意見。

自己辛苦來的都是最靠譜的

很多父母明明都教育小孩要好好讀書，要想辦法拿到高學歷，但是只要是女生，無論學歷多高，好像都不及嫁一個「好老公」，而他們嘴裡所謂的好老公便是薪水穩定、老婆不用出門工作。老一輩的思想認為，女人出外工作就是辛苦，其實這也不能怪他們，確實在從前的年代，很多人出去奔波只為了生存。當然現在的女人工作的確也是要生活，為了文青們很不愛談的金錢，但若妳希望自己的人生裡可以多一些選擇，妳就必須得工作，尤其是女人，否則妳在面對所有大小事時，妳都只能仰賴有經濟收入的那一方。小東西當然沒問題，但如果是奢侈品，妳就算敢開口，對方也不一定給得起，更何況別提奢侈品。我身邊有例子是，連要吃個海底撈都得看先生的臉色，再加上這還沒算天災人禍。我在上一本書有寫過，有些人天真地認為自己嫁個收入不錯的老公，便有了長期飯票保證，但到底誰能保證飯票不會破，老公會永保健康不生病？老公絕對不暈船婚外情？我們總希望男女能平等，因此罵老公不願分擔家務，但妳願意分擔帳務嗎？不要因為在外工作辛苦累了，就放棄讓自己在職場發光發熱的機會，回家當起家庭主婦，這個決定就是讓妳與社會脫節的開始，妳也同時把生活上的許多決定權都讓給他人了。

我養妳就只是不讓妳餓著而已

或許來信的妳，閱讀上段文字肯定會覺得我無法體會身為家庭主婦的感受，錯了！恰恰相反，就因為我當過全職家庭主婦，我太理解那種箇中苦澀。

當初我嫁來英國時，語文能力實在不好，並且在我準備結婚時，竟然懷孕了，都怪自己貪圖魚水之歡（？），於是我們倉促結婚，只為了能在英國用合法身分產檢。就這樣，從懷孕開始的每一天，我不是去公園散步，就是去超市買菜，打算申請ＮＩ（在英國工作必須要申請National Insurance number），卻不知怎麼的，一直申請不下來。其實就算我能順利申請到，語文能力也沒有到達該有的水平，太難與人競爭，頂多就是打打工，做些不需要語言的工作。

但那時懷孕害喜嚴重，也沒體力做勞力活，身上沒存款，買菜錢需要跟先生拿，買每一樣菜都要按一下計算機，確保等等結帳時不會超支。若想臨時走進去店裡喝杯咖啡都是奢侈的行為，我得要前一天先想好隔天要不要喝咖啡，並且多跟先生要咖啡費用，這樣才有辦法隔天如願喝咖啡。說實在的，我先生並不小氣，也盡量滿足我，甚至因體諒我常常這樣開口會不好意思，願意給我一筆小錢，但就算有了這筆小錢，我每一樣購買的東西都要非常小心，不得有一絲浪費。就連買麥當勞時，也不能隨意將薯條加大，事事樣樣都要跟先生報備手心向上，實在是很痛苦，感覺連靈魂都被禁錮住了，非常的不自由，我甚至無法在朋友來拜訪時說出「我請妳吃頓飯」。後來我理解到，當男人說出「我養妳」時，指的不過是生理狀態的滿足，跟妳自己有薪資收入可以自由支配的生活模式是截然不同的，這並不代表對方不夠愛妳，有時是他個人都無法滿足自己的小確幸了，又如何滿足妳？就如同養寵物一樣，寵物就是吃飽喝飽睡飽，每天等著主人回來陪牠，主人忙時寵物就得等待空閒時間。或許有讀者會認為我這樣比喻太過粗暴，不過對我來說，當一個真正的寵物還比一個家庭主婦幸福，至少不會像家庭主婦一樣，在不支薪情況下有一大堆做不完的家事，還可能遇到將妳的付出視為理所當然的家人。

孩子會大薪資會漲

正因為有親身的經歷，我才會不停跟所有女性說，可以的話一定要工作。的確職場還是對女性有那麼些許不公平，但就是因為不公平，身為女性的妳更要替自己留下屬於自己的小天地，不要輕易因為孩子生了，蠟燭兩頭燒，就放棄工作回家帶孩子，就算托嬰會跟薪水打平，也別妥協。因為孩子會大，妳的年資會增加，夠努力的話，甚至薪水也會跟著職位跳。不要被人用「孩子的成長只有一次」情勒妳，因為保母幫忙照顧孩子的生活起居這種事，是可以代替的，重要的是要與孩子創造回憶，放假下班時要盡情陪伴，要不然怎麼寫信過來的妳，都用疑問句說：這樣的選擇應該值得吧？事實上妳也動搖了不是嗎？

三十歲後真的不會完蛋

我三十歲那年剛好生孩子，跟我一起同期的同學或朋友，好幾位都在職場上坐穩了主管位，就算結婚生孩子，也可以請個育嬰假。而我剛生下孩子，在英國生活，別人看我就是個外籍配偶，有時語言不夠好，加上與先生的年齡差了十幾歲，還真有人暗示性地問先生我是不是交易來的新娘。我沒有工作，如我文章開始就說，像我這種外籍人士說不好人家的語言，要出去競爭也沒有什麼太太的謀生能力，每一天掛著孩子在胸前，我不是走去超市買菜，就是提菜回家準備煮飯，而且我不會煮，所以我煮飯挺不好吃的，再不然就是坐在公園餵孩子喝奶。雖然那時就已開始在寫文章了，可是未來不知道如何，我不確定我是否能成功經營好選物的社團，連人數流量都沒有，客人當然也沒有。有時我在疲憊無限輪迴地餵奶時，甚至腦子會閃過：難不成我這輩子就是這樣了？那時我三十二歲，我真的不想要這樣，然後每次經歷自我懷疑後，再告訴自己再堅持一下吧，我一直都相信，過得痛苦的人改變會最快，因為實在太難受，自己不改變那日子就是這樣下去了。我遠嫁他鄉，其實以我的狀態，真的很難在外找份工作，至少比在自己的國家難，但法子是找出來的，只能嘗試了再說。妳信中說三十五歲是很糟糕的年紀，我卻覺得只要妳決定換掉現在的生活模式，那年齡就只是數字，尤其是現在的狀態，妳不改變那就只能忍受下去。

別看輕自己要看清自己

或許現在的妳會這麼無助，有一大半的原因是來自於沒自信，但是自信心沒了還是可以找回來，妳曾經可以在難熬的行銷工作裡開無數的會，忙到白天不懂夜的黑，相信妳絕對是在工作上有能力的女生，那種成就感自然會給妳自信心。既然孩子大了，妳可以試著回到職場上，可能一切都得重來，也有可能回不到當初自己熟悉的領域，畢竟世代的汰換快得很，但只要妳願意回到職場上努力再努力，相信有一天妳會熬出頭，請妳不要看輕自己的能力，但要看清自己目前的狀態、條件，與自己想要的生活模式，接著一步步往前走。要是能活到一百歲，現在的人生連一半都還沒過完，妳不會希望直到一百歲都得這樣可憐巴巴，那這輩子就太長了；要是只能活到五十歲，那現在人生已過一半了，既然這樣，當然要放手搏下去，不然五十歲的人生這麼短暫卻什麼都沒做，白白浪費了來人世走一回。至於先生是否真的對不起妳，若真的很在意的話，便跟對方問清楚吧，老話一句，請看清自己要的是什麼，跟著自己的心走，妳不會想要在四十、五十、六十歲時還說著同樣的話，而且隨著年紀越大，妳會越來越無力改變，也會因年紀而更喪氣。

家庭主婦沒有不好，只是仰賴著他人風險大了點，妳得要算算這風險妳能不能承受得住。

【換位置本來就該換換腦袋】

每每在ＩＧ後台或是樹洞信箱裡，痴男怨女的感情事問卦比例永遠居高不下，有時我都會想，是現在的人對於自己在職場面對的挫折都處理得游刃有餘、輕鬆自在嗎？還是在多數人的心目中，把感情事處理好才是第一順位？當然我會這樣碎唸不是因為覺得自己特別會處理職場上的鳥事，而是一直以來我都花好多時間去面對職場的眉眉角角，無論下對上關係，還是上對下，我總覺得非常不容易，因此第一次開啟樹洞信箱時，以為除了感情外，有關職場的來信也會很多，但是真的仔細去算，跟有關愛情的信件相比，實在低太多了。這一封來信我特別覺得有意義，因此選出來改編與大家分享。

嗨太太，看妳的粉專文字也一大段時間了，從妳的社團是一人社團開始，到現在看到妳的小幫手增加這麼多個，因此想問問妳關於管理的事。

我自認在職場上算是個圓滑的人，不愛跟人說八卦，多數時間都是忙著自己的工作，終於在兩年前，公司給了我機會升職為主管，不過這真的是惡夢的開始。有一個比我還資深的前輩，是我的下屬，也不知道是不是因為資深，他完全不受控，每次下達工作指令給他，他交出來的東西常常不是我要的，有時候連簡單的工作回報也是不清不楚的，搞到我都不知道他是故意的還是真的不會。

我總覺得身為主管，不能太自以為是，尤其是有些下屬其實算我的前輩，我也不想要用主管頭銜壓他們，因此這兩年時間無論怎樣，我都是耐著性子好好地跟他說。但無論我怎麼做，這個前輩下屬就是有很多小動作，雖然都沒有真的傷害到我，但這樣兩年持續下來，我感覺身心好像有點出狀況，怎樣都無法完全放鬆，常常回到家，腦子裡還是想著工作的事，我對孩子與先生感到很抱歉。

最近公司擴編，新的辦公室少一個主管，我如果過去了，就可以不用再面對這個資深前輩，但又覺得這樣不好，有點像是逃跑的感覺。我也試著跟朋友講這些事，不過大家都告訴我開心就好，只是我怎樣都下不了決定，也不懂怎麼調整自己的心態，想問問太太有沒有什麼人生經歷可以與我分享？

資歷不等於能力

閱讀完這位心累的主管來信，我其實很能理解這樣的心情。也許角色不完全一樣，但我想管理者都是一樣的，一樣的麻煩困難，不然在服務心理學裡，不會強調服務的異質性，根據每個人給出的服務而有所不同。人啊真的是所有企業裡最難控管品質的一環，多數的人都覺得自己不平凡，偏偏我們其實都很平凡。

最常見的就是老屁股前輩。十幾歲在打工時，就看過很多自以為是的前輩，總會仗著自己在公司的年資比較久，就喜歡用鼻子看人並欺負新人，有的更可笑，會在一開始給對方下馬威。我總覺得會做這些事的人腦子一定有破洞，風可能把裡面的杏仁核吹走了，想不通公司會納入新員工，肯定是人力不夠，下馬威是要幹嘛？把對方嚇走，累死的不是最上層的老闆，那些資深、臉部好像只剩鼻子的老屁股反而首當其衝，當然啦老屁股的角質層可厚的，當當薪水小偷上班偷懶也是理所當然。

我曾經遇過一個同事就是這種腦子破洞、杏仁核不見的人，仗著自己比新進員工資深，教新進員工做完全錯的ＳＯＰ。她是以自己的方式來訓練人，這樣工作起來較輕鬆，我知道後很不開心。原因是杏仁核不見的同事就是因為沒照原來的SOP而常出包，我很擔心會有另一個跟她一模一樣的同事被複製貼上，尤其是新人是我負責教育的，這樣出錯一定是算在我頭上。我當時真的太年輕，很唯唯諾諾地跟少了杏仁核的同事解釋這樣好像不對，妳猜怎麼著？她完全不理會我，馬耳東風完全不當一回事。

接下來的日子就是，兩個人一起錯，我跟著收拾殘局，而老闆唯我是問，怎麼我帶出來的人是這樣。因此，當公司給妳任務無論是要妳帶新人還是管理，妳得要明白那是因為自己受到信任，跟資歷沒有絕對的關係。

帶人要帶心但是對方不給妳心

老實說，我曾經在打工時期大言不慚地嗆過我老闆說：「帶人要帶心。」因為我總覺得自己不被重視。被嗆的老闆冷淡地看著我說：「一家公司就像一台大機器，機器裡有很多零件，零件若完全不符合機器時，就會直接換掉，而不會花時間去把零件修整成符合機器的樣貌。」

聽到這回覆很讓我難過又氣憤的是，我氣對方把我比喻成零件，更難過老闆沒有因為我在這公司資歷久一點就捨不得我這員工，但是氣歸氣，我還是鼻子摸摸繼續工作。事隔十年以上，我回頭想這些真的覺得愚蠢到不行，因為當時之所以會罵那句「帶人要帶心」，不過就是覺得老闆器重了另一個員工，我很不是滋味才會想用那句話堵老闆。但那時的我也不想把心交給這公司，別說老闆想帶，我都不知道自己的心去哪了，每天只會碎嘴生活各種大小事。

從我過去的經歷來看就能明白，不是每個人都適合當管理者，而且當管理者是要學習的。當然想當管理者的第一步，得要把基本功做得扎實，公司的事務得要熟悉表現積極，才有可能被挑上擔任管理者；若被挑上了，也請好好地相信自己的能力，不然若資歷代表能力的理論是成立的，就會是信中的那位前輩來下達指令給大家。

不過人類其實很善妒的，沒有表現出想當主管的樣子，可不代表真的沒野心。尤其是多數人會認為，只要是在公司待的時間夠久，自然就可以升官加薪，在這樣的期待下，真正頒布人事時，發現晚進公司的後輩爬得比自己高，難免會吃味。

這也是為何有些前輩下屬會故意報告不清不楚，又或者他就是這麼的爛，也是不無可能的，畢竟從前那位前輩不是跟妳報告，誰知道他一直以來工作的態度是不是這麼軟爛的？但無論是哪個原因，就是他做得不夠好，身為前輩的他才會變成妳的下屬，不是嗎？

也因為這樣，常會有人很愛嘴：唉唷！換個位置腦袋也都換了。藉此來情緒勒索原來一起工作的同儕，但是換了位置本來腦子就得換，主管立場跟一般基層員工立場完全不一樣，是需要站在公司立場去要求底下的員工，因為妳要向妳上頭的人交代，而基層的員工只會覺得主管很雞掰。但是他們覺得主管很雞掰絕對比他們覺得主管跟他很熟來得好，因為一旦這樣，有些人三不五時就會用人情壓力來施壓。

身為主管的妳，既然都坐上這位置了，想對付這樣的老屁股，唯一的方式就是公事公辦，工作沒完成，必須要嚴肅地告訴他，讓對方了解如果繼續這樣，妳只能往上呈報。雖然主管都會希望受大家愛戴，盡量別跟下屬硬碰硬，但是顯然這老屁股員工也不吃軟，妳還想帶他的心？一個不小心自己就要捧心去掛身心科了。

山頭上只能站一位管理者，孤單是正常的

我想只要是有在工作的人，很難回家就把工作忘掉，尤其是管理階層更難，但是多少還是可以平衡，就看自己是怎麼去安排家庭時間。

雖然前輩下屬實在讓人頭痛，但他個人的軟爛態度是要為自己負責。身為主管的妳，能做的就是精準地把工作交代好，一直弄不好那就是代表不適合，該往上呈報就呈報。

記得第一次當管理者時，對於人際關係真的很容易患得患失。我剛開始有小幫手加入時，都期待著自己要跟大家相處融洽，希望全部的小幫手都能理解我，甚至小幫手們所有的情緒我都很想照顧到，但後來才發現，主管跟下屬本來就有些許距離，立場不一樣看待事情的方式當然不一樣。打個比方，以我

的立場，我當然希望小幫手能在我交代的範圍內做好外，其他我沒有提到的，他們也會願意做。但是以領人家薪水的員工來說，我事情做好就好，幹嘛多做，通常會想多做些的，除了真的很單純外，要不就是有野心，希望多做些被上頭的人注意到。

一個缺就只能容納一個人，因此身為主管的妳本來就會孤單一點。如果有合得來的下屬那是幸運，合不來也無妨，不用到討厭他們，這也是主管必備的ＥＱ管理，只要把自己的份內事做好，就不怕有心人想抓妳小辮子。

別這個坑跳到那個坑

既然現在有另一個辦公室機會，妳自己可以評估看看，在哪邊工作對自己的通勤是比較輕鬆的？到新辦公室有沒有利大於弊？千萬不要覺得只要換到另一個辦公室，就可以跟合不來的下屬一刀兩斷。軟爛又角質層超厚的老屁股到處都有，可不是妳換到一個新環境就會消失不見，還有很多軟爛下屬妳可能會遇見，除非妳想退回去當基層員工（笑），不然得要學會位置換了腦子也要換一下。

如果妳不是拍馬屁上位，妳就要相信自己是因為有能力，不然公司不會選妳的。就算是拍馬屁上位的，也是妳個人的本事，因為有本事，所以妳在我上面，而這就是成人的世界，雖然很醜陋但就是這麼現實。不過這不代表我們需要對職場失望，妳可以當一個好的主管，用實力做事，也讓下屬知道妳喜歡有能力的人，不用天天拍妳馬屁，但該給的尊重是必須的。不禮貌的人，也可以在心中放一把尺偷偷扣分，哪天有機會時就可以讓上面的人知道這些下屬的所作所為。不要覺得這樣卑鄙，身為主管本來就有責任，這一點點權力本來就是妳該有的，就如同我也很想知道我的小幫手們在我看不見的時候，到底是什麼樣貌。

老屁股不等於能力高人一等，但摸透公司規則鑽漏洞偷懶絕對是他的特殊才藝。

雖然智者並不多，但謠言終究止於智者

嗨馬克太太妳好，妳可以叫我Kiki，老實說我非常討厭所謂的「網紅」，但後來因朋友大力推薦妳，在閱讀妳的《你需要的不是努力，而是反骨的勇氣》那本書後，真心覺得妳不是只會曬混血兒而已。最近自己發生了一件事，實在不知道該如何是好，因此想要寫信問問妳的意見。

回歸正題，我現在工作的地方，女生占大多數，有女生的地方就容易有八卦。我自己的個性比較像男孩子，我自認為不是不合群，不能算獨來獨往，就只是比較不喜歡跟著大家一起討論某一個人，有時我甚至會阻止大家這樣的行為，然後有一天，我竟然就成了八卦裡的女主角。事情發生後我也不斷反

省，是不是我做錯了什麼？是因為我平常穿著的關係嗎？但我的穿著並沒有不符合公司規定，硬要說，我認為自己很敬業，好好地穿衣服化妝不也是尊重工作的表現嗎？難道要跟著其他人一樣素顏，化妝穿高跟鞋就是為了要招蜂引蝶？我也有想過直接衝去質問那些八卦我的人，但我又覺得要是對方否認，或是辯解說又不是在說我，這樣我不就變成對號入座很自討沒趣嗎？說不定又會被塑造成另一個形象。不過要是都不理對方，會不會讓其他本來不這樣想的同事認為我就是默認，想問問太太有沒有遇過這樣的事？更想知道太太會怎麼運用獨到的見解，來面對這種是非？

長大後的友誼更要慎選

親愛的kiki妳好，我真的太認同「有女生的地方就容易有八卦」這句話了。之前我曾寫文章探討過女生的友誼，女生的友誼非常奇妙，關係裡時常會帶有嫉妒與占有。比方說A女跟B女是超級好友，如果A女在下課時間跟B女以外的同學一起去上廁所，無論是否恰巧，B女都會因為這樣而開始胡思亂想，心中產生小劇場，但一樣的事件發生在男生身上時，有很高的機會是沒有人會覺得這有什麼好在意。我這樣說並不是在抨擊女性之間的友誼多差勁，相反的我要說，女性友誼是非常有力量的；在低潮時，女生朋友有時會比漢子更像漢子挺妳的，不過這力量有時也會吞噬一個人的判斷力。女生為了要融入團體，有時會為了挺友誼，而不分青紅皂白地支持朋友的言論，從在學校到職場上，只要是一群人，就容易有這樣的事發生。但這不代表我們就需要害怕到不敢跟人相處，只是妳要好好地去選擇跟妳相處的人，就如同我說的，因為人是團體動物，尤其是女性，為了別人的認同，很多時候寧可同流合污，甚至她們也沒發現自己正在污水裡。再說多數人無法獨善其身，光是消化在團體裡的孤單感就很難，更何況是要面對別人的閒言閒語。因此若妳認為這個團體常常是以講他人八卦來維持友誼的，保持距離不交惡，在成人世界裡絕對是最明智的做法。

謠言止於智者，但事實上智者並不多

在我寫這篇文章時，台灣記者正在瘋狂嗜血地看著英國圈的部落客互相傷害寫文攻擊彼此，每出一篇，隔天記者就寫一篇，新聞標題都是非常聳動的誰又人設崩塌誰被霸凌。而我拿這件事來當題材，不是因為我八卦，而是本人其實才是裡面真正被霸凌欺負的受害者，只不過那位爆料者戲比較滿而已，說起這個真的是「話若是要講透更目屎是播未離」（台語：要把事情說完可以說整晚，眼淚也會擦不完）。

幾年前在粉專得到一則私訊，對方說是我的粉絲想與我見一面，剛好我人在她居住的城市，便與對方見面，自此有一搭沒一搭地聊著。老實說我都是被動那方，尤其對方說是自己的粉絲，我的回應更是客氣。某一天她詢問我是否要去參加在英國的派對（參加的對象都是部落客），她告訴我，若我要去她才會去，由於我聽都沒聽過，直接反應是一句「那是什麼？」那天之後，對方再也沒有出現在我的訊息裡了。不過也是從那天之後，我開始被其他部落客攻擊，出現很多不實的指控與造謠，而其中一個就是當初聲稱是我的粉絲的那位小姐姐。認真來說私下討論一個人，或是嘲笑一個人，在法律上是不違法的，我先說我不鼓勵這種事，但嘴就是長在別人臉上，就像妳無法控制妳的同事講八卦是一樣的道理。對方沒有口德但妳可以有智慧地面對，如果每一句話妳都要往心裡去，那麼正事都不用做了。而面對這些沒有指名道姓的指控，我的做法永遠就是「不理會」，就算這些指控明顯到有粉絲截圖來詢問我是不是在說我，我依舊還是不解釋和裝傻，不討論不多說，只要這樣做，這件事就會在此打住，不會再上演另一齣戲。

謠言止於智者，但智者在世上並不多，又或者說，就算聽到這些閒言閒語，也沒人敢直接去問當事人這些是否是真的，畢竟無關自己的事大家只是在看一場鬧劇而已。事實上，當事人到底是不是跟那些糟糕評論相符，沒人真的會在意，因此既然沒人會在意，妳去解釋爭執就沒有意義，只不過跟著演出一場鬧劇而已。除非對方做出實質違法的行為，並且妳是有絕對證據的，那麼就直接開告讓對方理賠。否則誰說誰怎樣，誰又說誰怎樣，這是小學生的戲碼，妳確定妳要跟著一起當小學生嗎？

玩火的人終究會自焚

或許妳會心有不甘地認為，憑什麼對方造謠卻沒得到懲罰，但妳要相信玩火的人終究會自焚的。上一段的小姐姐故事可是有後續的，這些年來，小姐姐依舊用毀謗人來交換友誼，她會告訴其他部落客，或是設法跟同住在英國的台灣人聊天，造謠說我是個違法的人只會逃漏稅、假人設、直到現在都在花媽媽的錢、我媽害怕脫離母女關係只能縱容我，去澳洲打工度假都是媽媽支援金錢……等等，還有其他多到我列不完的不實言論，而我的做法依舊是不解釋、不用說。我聽到當然會不開心，不過會相信謠言的人可能已經先入為主，那又何必浪費力氣，我們能做的就是好好充實自己，專心在自己喜歡的事，讓生活達到自己想要的目標，接著就是等著看戲。因為喜歡肥皂劇喜歡八卦造謠的人，終究會反噬自己。二〇二三年八月，那一波網紅人設崩塌的新聞出來，這位小姐姐突然來信向我道歉，對我來說這就是一灘渾水，無論事情真相如何，我認為不合拍的人際關係，對待彼此如陌生人便是最大的祝福，因此不回應就是我的回應。

如我說的，喜歡肥皂劇的人自己就會上演一齣給大家看，隔天小姐姐神操作，公開地在粉專寫上我的名字向我道歉，哭訴自己不該霸凌他人，但自己會這樣做都是因為其他部落客慫恿她的。道歉完後重頭戲來了，連發好幾篇的上千字文章，都是在指責這群本來是她閨蜜的朋友，怎麼私下討論她，她認為她被霸凌了，差點還輕生（？），接著把所有人的名字都寫上，讓大家公審她被「霸凌」事件，這件事也因此上了新聞，而我就是跟大家一樣當看劇吃瓜。事情越演越烈，最後她也無法置身事外，引來一堆討厭她的人攻擊她，甚至還有自稱是大學同學的留言罵她。大概是最後招架不住，後來她索性關掉留言，不讓不是粉絲的人對她做出任何評論。

沉默永遠是對抗謠言最好的回應

身為人，尤其是身為多愁善感的女性，我非常了解在團體間有不實謠言的指控有多麼讓人不服氣，不過如果都是私下討論的是非，妳又何必急著去解釋，有時候氣憤的心情也會讓妳口不擇言，陷入另一場是非。而事實就是事實，謊話永遠是不攻自破，也許這一刻沒有破，但是不代表永遠不會破，說不定破的那天就是對方下地獄的那天。其實網紅事件還有一個小插曲，那時吃瓜吃得得意，我手賤按讚某篇反擊文，就因為我手賤，馬上就衍生出另一個劇本，謠傳我加入了霸凌群只為了停止自己被霸凌，因此我才會說，懂得保持沉默真的很重要，沉默不是認可對方的話，而是處理事情的高度。職場上耳聞到自己的八卦，一笑置之絕對比妳去對質來得更睿智。妳能做的除了沉默外，就是認真地在職場上累積實力與經驗，不交惡他人，這個做法就足以讓有腦子的同事去思考那些流言蜚語的真實性了。久了喜歡肥皂劇的同事自然會因為妳不跟著演戲，而自己又創造另一齣戲。但如果是公開霸凌妳，那又不一樣了，妳得要收集證據接著跟公司的上層提報，公司不理會妳那就直接提告，處理那些骯髒事得要明智冷靜，否則妳也會不小心一起沉淪下去。

世界上有各種謠言，永遠不要隨之起舞，因為憤怒會蒙蔽你的心智，會使你失去理智。

世上的工作幾乎都是不斷重複，
如魚得水的那天有時也是無趣的開始，
想要對抗倦怠感，
只能靠自己在工作裡找到成就感。

人生不怕跌倒，
只怕你不敢向前跑！

別人說 做人要認命，不要老想著出國！

馬克太太 沒有勇氣踏出舒適圈，你怎麼知道自己的能耐到底有多大？

別人說 我有想做的事，但大家都說不好，我應該堅持下去嗎？

馬克太太 何必為了討好別人，而去做不討好自己的事？

別人說 為什麼有些人可以含著金湯匙出生，一輩子不愁吃穿？

馬克太太 我也不知道，因為我是含牙齦出生的。

橫掃臉書、youtube、IG！
史上最強「三樓」網紅馬克太太第一本創作集！
獨家收錄40張珍貴照片＋20篇犀利的心靈「毒雞湯」！

超高的顏質、時尚的穿搭，是很多人對馬克太太的第一印象，但卻沒有人知道，在很久很久以前，「網紅馬克太太」也只是個「辛苦」的普通女孩。她在重男輕女的家庭長大，人生道路始終走得跌跌撞撞。但再多的挫折，都沒有動搖她的不屈不撓；再難的險阻，也沒能阻止她的奮不顧身。憑藉著一股不服輸的「反骨」，她走過一個人的孤獨，並成就了如今一家三口的幸福圓滿。本書是馬克太太一路走來的生活哲學，也是她拒絕被命運擺布，翻轉人生的勇敢見證！

馬克太太——著

你缺的不是努力，而是反骨的勇氣！

國家圖書館出版品預行編目資料

與其明鬥暗爭，不如做自己的光明燈／馬克太太
官芷儀 著. -- 初版. -- 臺北市：平裝本, 2024.07
面；公分. --（平裝本叢書；第 0558 種）
(iCON；60)

ISBN 978-626-98783-2-1（平裝）

1.CST: 人生哲學 2.CST: 自我實現

191.9 113009086

平裝本叢書第 0558 種
iCON 60

與其明鬥暗爭，
不如做自己的光明燈

作　　者—馬克太太 官芷儀
發 行 人—平　雲
出版發行—平裝本出版有限公司
台北市敦化北路120巷50號
電話◎02-2716-8888
郵撥帳號◎18999606號
皇冠出版社(香港)有限公司
香港銅鑼灣道180號百樂商業中心
19字樓1903室
電話◎2529-1778　傳真◎2527-0904
總 編 輯—許婷婷
執行主編—平　靜
責任編輯—張懿祥
美術設計—嚴昱琳
行銷企劃—薛晴方
著作完成日期—2024年
初版一刷日期—2024年7月

法律顧問—王惠光律師

讀者服務傳真專線◎02-27150507
電腦編號◎417060
ISBN◎978-626-98783-2-1
Printed in Taiwan
本書定價◎新台幣 340元/港幣113元